Wortschatz einfach praktisch Russisch

Die wichtigsten Wörter und Wendungen

Irina Augustin

Hueber Verlag

4. 3. 2. | Die letzten Ziffern
2022 21 20 19 18 | bezeichnen Zahl und Jahr des Druckes.
Alle Drucke dieser Auflage können, da unverändert,
nebeneinander benutzt werden.
1. Auflage

Verlagsredaktion: Oksana Fischer, Hueber Verlag, Ismaning
Umschlaggestaltung: wentzlaff | pfaff | güldenpfennig kommunikation GmbH, München
Umschlagfotos: Frau: © Getty Images/Stockbyte;
Matrioschka: © fotolia/iMAGINE
Zeichnungen: Bettina Kumpe, Braunschweig
Layout: Sarah-Vanessa Schäfer, Hueber Verlag, Ismaning
Satz: appel media, Oberding
Druck und Bindung: Friedrich Pustet GmbH & Co. KG, Regensburg
Printed in Germany
ISBN 978-3-19-109614-4

Art. 530_03553_001_02

Einführung – Введение

Der „Wortschatz einfach praktisch Russisch“ hilft Ihnen, sich schnell und mühelos die wichtigsten russischen Wörter und Redewendungen anzueignen. Die 12 thematisch gegliederten Kapitel enthalten circa 1.000 Wörter sowie zusätzlich circa 400 gängige Redewendungen. Ob Sie alleine oder im Kurs lernen, ob Sie einen kurzen Aufenthalt im Land planen, sich auf bestimmte Themen oder Situationen gezielt vorbereiten oder systematisch einen Basiswortschatz aufbauen möchten – durch seine klare, thematische Anordnung und Aktualität ist der „Wortschatz einfach praktisch“ das ideale Mittel.

Wie verwende ich den Wortschatz einfach praktisch?

1. Die 12 thematisch gegliederten Hauptkapitel ermöglichen es Ihnen, sich die wichtigsten Wörter eines Sachgebiets rasch zu erschließen. Alle Wortlisten sind ergänzt durch einfache, aktuelle Beispielsätze.
2. Die farbig hervorgehobenen Informationsfelder erklären wichtige sprachliche und landeskundliche Zusammenhänge.
3. Mit den Kurztests nach jedem Kapitel können Sie auf unterhaltsame Weise Ihren Lernfortschritt überprüfen bzw. das Gelernte festigen. Die Lösungen zu den Tests finden Sie im Anhang dieses Buches.
4. Im Internet unter www.hueber.de/audioservice können alle Wörter und Redewendungen zum Anhören heruntergeladen werden.

Wie präge ich mir neue Wörter ein?

→ Sehr hilfreich ist es, die Wörter laut zu sprechen. Nutzen Sie dabei die Hinweise zur Aussprache am Ende des Buches.

→ Decken Sie in den Wortlisten jeweils eine Spalte ab – Russisch oder Deutsch – und übersetzen Sie die Wörter. Kontrollieren Sie sich anschließend. Ändern Sie die Reihenfolge, in der Sie die Wörter lernen.

→ Üben Sie 8–10 neue Einheiten pro Tag. Wiederholen Sie regelmäßig die an den Tagen zuvor gelernten Wörter.

→ Ihr Lernerfolg wird größer, wenn Sie regelmäßig jeden Tag circa 15 Minuten intensiv lernen, als einmal in der Woche eine Stunde.

→ Verwenden Sie Karteikarten und tragen Sie sie bei sich. Schreiben Sie auf eine Seite das deutsche Wort, auf die andere Seite die russische Übersetzung, möglichst mit einem Beispielsatz.

Inhaltsverzeichnis

1 Familie und soziales Leben

Чле́ны семьи́
Familienmitglieder

мать *f*	Mutter
оте́ц *m*	Vater
роди́тели *Pl*	Eltern
сын *m*	Sohn
дочь *f*	Tochter
ребёнок *m* - де́ти *Pl*	Kind - Kinder
брат *m*	Bruder
мой мла́дший брат *m*	mein jüngerer Bruder
сестра́ *f*	Schwester
моя́ ста́ршая сестра́ *f*	meine ältere Schwester

дя́дя *m*	Onkel
тётя *f*	Tante
двою́родный брат *m*	Cousin
двою́родная сестра́ *f*	Cousine
племя́нник *m*	Neffe
племя́нница *f*	Nichte
де́душка *m*	Großvater
ба́бушка *f*	Großmutter

Im Russischen existieren einige Bezeichnungen für Gruppen von Verwandten nicht, die man aus dem Deutschen kennt. So sagt man z. B. für Geschwister **бра́тья** *Pl* **и сёстры** *Pl* und für Großeltern **ба́бушка** *f* **и де́душка** *m*.

внук ***m***	Enkel
вну́чка ***f***	Enkelin
мужчи́на ***m***	Mann
же́нщина ***f***	Frau
ма́льчик ***m***	Junge
де́вочка ***f***	Mädchen
друг ***m***	Freund
подру́га ***f***	Freundin
жени́х ***m***	Bräutigam
неве́ста ***f***	Braut
муж ***m*,** **супру́г** ***m***	Ehemann
жена́ ***f*,** **супру́га** ***f***	Ehefrau
супру́ги ***Pl***	Ehepaar
зять ***m***	Schwiegersohn
неве́стка ***f***	Schwiegertochter

Bei der Benennung der Familienmitglieder nehmen es die Russen sehr genau: **свёкор** *m* und **свекро́вь** *f* für den Vater und die Mutter des Bräutigams bzw. des Ehemannes, **тесть** *m* und **тёща** *f* für den Vater und die Mutter der Braut bzw. Ehefrau. Man unterscheidet auch zwischen dem Bruder des Ehemannes **де́верь** *m* und dem der Ehefrau **шу́рин** *m*. Gleiches gilt für die Schwester des Ehemannes **золо́вка** *f* und die der Ehefrau **своя́ченица** *f*.

Eine Begrüßung für jeden Anlass ist **„Здра́вствуй!“** für eine bzw. **„Здра́вствуйте!“** für mehrere Personen oder wenn man sein Gegenüber siezt. Wörtlich wünscht man damit Gesundheit. Je nach Tageszeit begrüßt man sich auch mit **„До́брое у́тро!“** – „Guten Morgen!“, **„До́брый день!“** – „Guten Tag!“ oder **„До́брый ве́чер!“** – „Guten Abend!“. **„Приве́т!“** – „Hallo!“ verwendet man vor allem im Freundeskreis.

Знако́мство

Bekanntschaften

Приве́т, как у тебя́ / вас дела́?	Hallo, wie geht es dir / Ihnen?
Спаси́бо, о́чень хорошо́.	Danke, sehr gut.
Так себе́.	Naja, es geht so.
Рад *m* / ра́да *f* с тобо́й / ва́ми познако́миться.	Freut mich, dich / Sie kennenzulernen.

Как тебя́ / вас зову́т?	Wie heißt du / heißen Sie?
Меня́ зову́т ...	Ich heiße ...

„Как тебя́ зову́т?" bedeutet wörtlich: „Wie ruft man dich?" Bei der Antwort werden Sie vielleicht auf ein russisches Phänomen stoßen, den Vatersnamen. Russische Namen bestehen aus drei Teilen: **и́мя** *n* Vorname, **о́тчество** *n* Vatersname und **фами́лия** *f* Familienname. Der Vatersname wird gebildet aus dem Vornamen des Vaters und den Endungen **-ович** oder **-евич** bei Männern und **-овна** oder **-евна** bei Frauen, bei **Алекса́ндр** z. B. **Алекса́ндрович** bzw. **Алекса́ндровна** und **Серге́евич** bzw. **Серге́евна** bei **Серге́й.** Bei der höflichen Anrede verwendet man nicht wie im Deutschen den Familiennamen, sondern Vor- und Vatersnamen. Ausländer werden mit **господи́н** *m* **/ госпожа́** *f* Herr / Frau und Familiennamen angesprochen.

Кто ты / вы по профе́ссии?	Was machst du / machen Sie beruflich?
Я секрета́рь *m*.	Ich bin Sekretärin.
А где ты рабо́таешь / вы рабо́таете?	Und wo arbeitest du / arbeiten Sie?
Я рабо́таю в бюро́ / о́фисе.	Ich arbeite in einem Büro.
Где ты живёшь / вы живёте?	Wo wohnst du / wohnen Sie?
Я живу́ в Москве́.	Ich wohne in Moskau.
Отку́да ты / вы?	Woher kommst du / kommen Sie?
Я из Москвы́.	Ich bin aus Moskau.
Как ва́ши но́вые сосе́ди *Pl*?	Wie sind Ihre neuen Nachbarn?
Они́ (не)приве́тливые.	Sie sind (un)freundlich.
У вас есть де́ти *Pl*?	Haben Sie Kinder?
Да, они́ о́чень (не)послу́шные.	Ja, sie sind sehr (un)artig.

„Ich habe / besitze ...“ wird auf Russisch zu **„У меня́ есть ...“**, wörtlich „bei mir ist / gibt es ...“. Beachten Sie, dass die Präposition **у** (bei) mit Genitiv steht. In einem Aussagesatz wird der Infinitiv есть gerne auch weggelassen, z. B. **„У меня́ оди́н ребёнок** *m*.**“** – „Ich habe ein Kind.“

Я жена́т *m* / за́мужем *f*.	Ich bin verheiratet.
не жена́т *m* / не за́мужем *f*	ledig
разведён *m* / разведена́ *f*	geschieden
вдове́ц *m* / вдова́ *f*	Witwer / Witwe
Ско́лько тебе́ / вам лет?	Wie alt bist du / sind Sie?

Bei Altersangaben steht die Person/Sache im Dativ, die Zahl der Jahre im Nominativ. Nach 1, 21, 31 usw. steht dabei **год** Jahr (*Nom. Sg.*), nach 2-4, 22-24 usw. **го́да** (*Gen. Sg.* von **год**) und nach 5-20, 25-30 usw. **лет** (*Gen. Pl.* von **год**). Zum Vergleich: **„Мне два́дцать оди́н год.“** – „Ich bin 21 Jahre alt.“ **„Мое́й сестре́ два́дцать три го́да.“** – „Meine Schwester ist 23 Jahre alt.“, **„Моему́ бра́ту два́дцать пять лет.“** – „Mein Bruder ist 25 Jahre alt.“

Описа́ние люде́й

Beschreibung von Personen

краси́вый	hübsch
некраси́вый	hässlich
стро́йный	schlank
то́лстый	dick
большо́й	groß
ма́ленький	klein
живо́й	lebhaft
споко́йный	ruhig
интере́сный	interessant
ску́чный	langweilig
ста́рый	alt
молодо́й	jung

Die Endungen von Adjektiven sind im Russischen abhängig vom Geschlecht des zugehörigen Substantivs: bei Maskulina **-ый / -ий / -ой**, bei Feminina **-ая / -яя** und bei Neutra **-ое / -ее**. Die Pluralform wird durch die Endungen **-ые** oder **-ие** gebildet. Zum Vergleich: **но́вый друг** *m*, **но́вая подру́га** *f*, **но́вое бюро́** *n*, **но́вые сосе́ди** *Pl*.

У неё голубы́е глаза́ *Pl*.	Sie hat blaue Augen.
Он но́сит бо́роду, усы́. / У него́ борода́, усы́.	Er trägt einen Bart, Schnurrbart.
Я ношу́ очки́ *Pl*.	Ich trage eine Brille.
Она́ блонди́нка *f*.	Sie ist blond.
У него́ чёрные во́лосы *Pl*.	Er hat schwarze Haare.
дли́нные во́лосы	lange Haare
коро́ткие во́лосы	kurze Haare
курча́вые во́лосы	krause Haare
прямы́е во́лосы	glatte Haare

Свида́ние и флирт

Verabredung und Flirt

У тебя́ есть вре́мя *n* сего́дня ве́чером?	Hast du heute Abend Zeit?
Сего́дня ве́чером у меня́, к сожале́нию, нет вре́мени.	Heute Abend habe ich leider keine Zeit.
А (как) за́втра?	Wie wär's mit morgen?
За́втра мне подойдёт.	Morgen passt mir gut.
Мы могли́ бы за́втра ве́чером пойти́ в кино́ *n*.	Wir könnten morgen Abend ins Kino gehen.
С удово́льствием!	Mit Vergnügen!
Во ско́лько (часо́в) и где мы встре́тимся?	Um wie viel Uhr und wo treffen wir uns?
В полвосьмо́го пе́ред (кино)теа́тром?	Um halb acht vor dem Kino?
Нет, попо́зже.	Nein, etwas später.
Дава́йте прогуля́емся!	Wollen wir einen Spaziergang machen?
Согла́сен *m* / согла́сна *f*!	Einverstanden!
Не хо́чешь ли (пойти́) потанцева́ть?	Hast du Lust, tanzen zu gehen?
Отли́чная иде́я *f*!	Super Idee!
Я (не) люблю́ танцева́ть.	Ich tanze (nicht) gern.
Пошли́ лу́чше в теа́тр *m*!	Gehen wir lieber ins Theater!
Договори́лись!	Abgemacht!
Не вы́пить ли нам по бока́лу вина́?	Wie wär's mit einem Gläschen Wein?
Как насчёт ча́шечки ко́фе?	Wie wär's mit einem Tässchen Kaffee?
У тебя́ краси́вые глаза́.	Du hast schöne Augen.
Спаси́бо, о́чень любе́зно с твое́й стороны́.	Danke, das ist sehr nett von dir.

Ты отли́чно говори́шь по-ру́сски, по-неме́цки.	Dein Russisch, Deutsch ist ausgezeichnet.
Спаси́бо за комплиме́нт *m*!	Danke für das Kompliment!
Тепе́рь мне действи́тельно пора́.	Jetzt muss ich aber wirklich los.
Мо́жет быть встре́тимся ка́к-нибудь ещё раз?	Kann ich dich bald wieder sehen?
С удово́льствием провожу́ тебя́ домо́й.	Ich begleite dich gern nach Hause.
Я скуча́л *m* / скуча́ла *f* по тебе́.	Ich habe dich vermisst.
А что у тебя́ но́вого?	Und was gibt es Neues bei dir?

Zum Abschied wünscht man sich **„Всего́ хоро́шего!“** – „Alles Gute!“, **„Счастли́во!“** – „Viel Glück!“ oder am Abend **„Споко́йной но́чи!“** – „Gute Nacht!“. Oft bezieht man sich schon auf das nächste Treffen: **„До свида́ния!“** – „Auf Wiedersehen!“, **„До за́втра!“** – „Bis morgen!“, **„До встре́чи!“** – „Bis bald!“ oder – unter jungen Leuten verbreitet – **„Пока́!“** – „Tschüss!“.

Вре́мя
Uhrzeit

Кото́рый час? / Ско́лько вре́мени?	Wie spät ist es?
Час *m*.	(Es ist) 1 Uhr.
Четы́ре часа́ два́дцать мину́т.	4 Uhr und 20 Minuten.
Оди́ннадцать часо́в пятьдеся́т пять мину́т.	11 Uhr und 55 Minuten.
В кото́ром часу́? / Во ско́лько (часо́в)?	Um wie viel Uhr?
В полседьмо́го.	Um halb sieben.
В че́тверть четвёртого.	Um Viertel nach drei.
Без че́тверти де́вять.	Um Viertel vor neun.

In der Umgangssprache werden in der ersten Hälfte einer Stunde die Minuten genannt, die von der begonnenen Stunde bereits vorüber sind (angefangene Stundenangabe im Genitiv der Ordnungszahl!). Zum Vergleich: **(в) два́дцать мину́т пя́того** – (um) 20 Minuten nach 4. In der zweiten Hälfte einer Stunde werden die Minuten genannt, die noch zur vollen Stunde fehlen (Stundenangabe im Nominativ der Grundzahl!). Zum Vergleich: **без пяти́ двена́дцать** – (um) 5 Minuten vor 12. Mehr zu den Zahlen siehe Kapitel 4.

Когда́?	Wann?
че́рез два часа́	in 2 Stunden
де́сять мину́т наза́д	vor 10 Minuten
на полчаса́ ра́ньше	eine halbe Stunde früher
на полтора́ часа́ по́зже	eineinhalb Stunden später
во́время	rechtzeitig
ско́ро	bald
сейча́с	jetzt
У вас есть часы́?	Haben Sie eine Uhr?
часы́ спеша́т	die Uhr geht vor
часы́ отстаю́т	die Uhr geht nach

Дни неде́ли
Wochentage

(в) понеде́льник *m*	(am) Montag
вто́рник *m*	Dienstag
среда́ *f*	Mittwoch
четве́рг *m*	Donnerstag
пя́тница *f*	Freitag
суббо́та *f*	Samstag
воскресе́нье *n*	Sonntag

Die Angabe des Tages erfolgt nach der Präposition **в** im Akkusativ: **во вто́рник, в сре́ду, четве́рг, пя́тницу, суббо́ту, воскресе́нье.** Für die regelmäßige Wiederholung benutzt man die Präposition **по** und die Tagesangabe im Dativ Plural: **по понеде́льникам** montags, **по сре́дам** mittwochs, **по воскресе́ньям** sonntags.

Ме́сяцы
Monatsnamen

янва́рь *m*	Januar
февра́ль *m*	Februar
март *m*	März
апре́ль *m*	April
май *m*	Mai
ию́нь *m*	Juni
ию́ль *m*	Juli
а́вгуст *m*	August
сентя́брь *m*	September
октя́брь *m*	Oktober
ноя́брь *m*	November
дека́брь *m*	Dezember

Bei Monatsangaben wird der Monatsname nach der Präposition **в** in den Präpositiv gesetzt: **в январé, февралé, мáрте, апрéле, мáе, ию́не, ию́ле, áвгусте, сентябрé, октябрé, ноябрé, декабрé.**

Временá гóда

Jahreszeiten

зимá *f*	Winter
веснá *f*	Frühling
лéто *n*	Sommer
óсень *f*	Herbst

Врéмя дня

Tageszeiten

у́тро *n*	Morgen
день *m*	Tag
вéчер *m*	Abend
ночь *f*	Nacht

Die Angabe der Jahreszeit (im Frühling, ...) wird mithilfe des Instrumentals ausgedrückt: **зимóй, веснóй, лéтом, óсенью.** Die gleiche Regel gilt für die Tageszeit: **у́тром** morgens, **днём** tagsüber, **вéчером** abends, **нóчью** nachts.

1 Lösen Sie das Kreuzworträtsel mithilfe folgender Wörter:

1. (Ich) heiße
2. Freund
3. Schwester
4. Großmutter/Oma
5. Hallo
6. Braut
7. Bruder
8. ihr/Sie
9. Schnurrbart
10. Mai

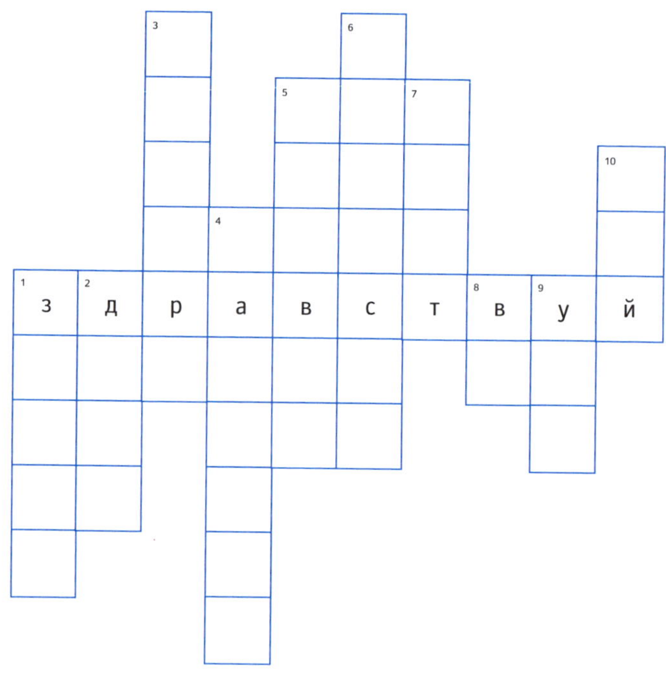

2 Finden Sie die Wortgrenzen und schreiben Sie die entstehenden Sätze auf.

a. МенязовутАлександр. ____________________

____

b. ЯживувМоскве. ____________________

____

c. Попрофессииинженер. ____________________

____

d. Ялюблютеатрикино. ____________________

____

3 Schreiben Sie die Monatsnamen in alphabetischer Reihenfolge.

янва́рь, февра́ль, март, апре́ль, май, ию́нь, ию́ль, а́вгуст, сентя́брь, октя́брь, ноя́брь, дека́брь

____

____

4 Finden Sie jeweils das Adjektiv mit gegenteiliger Bedeutung:

a. большо́й →	то́лстый
b. краси́вый	ста́рый
c. споко́йный	некраси́вый
d. молодо́й	живо́й
e. интере́сный	ма́ленький
f. стро́йный	ску́чный

2 Wohnen

Выраже́ния
Redewendungen

Добро́ пожа́ловать!	Herzlich willkommen!
Пожа́луйста, проходи́те.	Bitte, kommen Sie rein.
Чу́вствуйте себя́ как до́ма.	Fühlen Sie sich wie zu Hause.
Она́ живёт в кварти́ре, …	Sie lebt in einer Wohnung, …
… а мы в до́ме.	… und wir in einem Haus.
У нас со́бственная кварти́ра *f* / со́бственный дом *m*.	Wir haben eine Eigentumswohnung / ein eigenes Haus.
Он снима́ет кварти́ру / дом.	Er hat eine Wohnung / Haus gemietet.

Die meisten Russen kennen nur zwei Arten zu wohnen: eine Wohnung in der Stadt **городска́я кварти́ра** *f* und ein Haus außerhalb der Stadt **за́городный дом** *m* / **да́ча** *f*. Reihenhäuser **дома́** *Pl* **рядово́й застро́йки** oder **секцио́нные дома́** *Pl* wurden in Russland ab Mitte der neunziger Jahre zunächst für Ausländer gebaut. Unter den Russen gelten sie immer noch als exotisch.

небоскрёб *m*	Wolkenkratzer
дом *m* с ли́фтом	ein Haus mit Lift
домо́й / до́ма	nach Hause / zu Hause
ле́стница *f*	Treppe
эта́ж *m*	Stockwerk
на второ́м этаже́	im 1. Stock

Achtung: In Russland werden die Stockwerke anders gezählt als in Deutschland. Das Erdgeschoss ist bereits der 1. Stock **пе́рвый эта́ж** *m*, und alle weiteren Stockwerke werden demzufolge mit einer Nummer höher bezeichnet.

Ви́ды ко́мнат и дома́шняя рабо́та

Zimmerarten und häusliche Tätigkeiten

в го́роде	in der Stadt
(микро)райо́н *m*	Stadtbezirk
на окра́ине (го́рода)	am Stadtrand
в це́нтре	im Zentrum
дере́вня *f*	Dorf
в дере́вне	auf dem Land
гости́ная (ко́мната) *f*	Wohnzimmer
Го́сти *Pl* в гости́ной.	Die Gäste sind im Wohnzimmer.
де́тская (ко́мната) *f*	Kinderzimmer
игра́ть	spielen
Де́ти *Pl* игра́ют в де́тской (ко́мнате).	Die Kinder spielen im Kinderzimmer.
спа́льня *f* / спа́льная (ко́мната) *f*	Schlafzimmer
спать	schlafen
Роди́тели *Pl* спят в спа́льне / спа́льной (ко́мнате).	Die Eltern schlafen im Schlafzimmer.

Zusammengesetzte Wörter wie Wohn- oder Schlafzimmer werden im Russischen meist durch ein Adjektiv und ein Substantiv wiedergegeben z. B. **гости́ная (ко́мната)** *f*. Bei häufig benutzten Wörtern verwendet man oft auch nur das Adjektiv z. B. **гости́ная**. Beachten Sie dies bei der Deklination!

столо́вая (ко́мната) *f*	Esszimmer
У нас ую́тная столо́вая *f*.	Sie haben ein gemütliches Esszimmer.
ку́хня *f*	Küche
Вся семья́ *f* на / в ку́хне.	Die ganze Familie ist in der Küche.
гото́вить за́втрак *m*	Frühstück machen
гото́вить обе́д *m* / у́жин *m*	Mittagessen / Abendessen kochen

накрыва́ть (на) стол *m*	Tisch decken
печь торт *m*	Torte backen
соста́вить спи́сок *m* поку́пок	Einkaufsliste schreiben
ва́нная (ко́мната) *f*	Badezimmer
Ва́нная нахо́дится ме́жду ку́хней и кабине́том.	Das Badezimmer befindet sich zwischen der Küche und dem Arbeitszimmer.
приня́ть душ *m*	sich duschen
коридо́р *m*	Flur
оде́ть пальто́ *n*	Mantel anziehen
снять ку́ртку	Jacke ausziehen
мастерска́я (ко́мната) *f*	Werkraum
кабине́т *m*	Arbeitszimmer
на балко́не	auf dem Balkon
черда́к *m*	Dachboden
подва́л *m*	Keller
терра́са *f*	Terrasse
сад *m*	Garten
в зи́мнем саду́	im Wintergarten
жа́рить шашлы́к *m*	Schaschlik grillen

бассе́йн *m*	Swimmingpool
пла́вать	schwimmen
гара́ж *m*	Garage
поста́вить маши́ну	Auto abstellen
стира́ть	waschen
мыть посу́ду	Geschirr abwaschen
мыть о́кна *Pl*	Fenster putzen
пылесо́сить	Staub saugen
гла́дить	bügeln
убира́ть со стола́	Tisch abräumen
убира́ть ко́мнаты *Pl*	Zimmer aufräumen
полива́ть цветы́ *Pl*	Blumen gießen
коси́ть газо́н *m*	Rasen mähen

Ме́бель и предме́ты обстано́вки

Möbel und Einrichtungsgegenstände

стул *m*	Stuhl
дива́н *m*	Couch
кре́сло *n*	Sessel
кре́сло-кача́лка *f*	Schaukelstuhl
скамья́ *f*	Bank
стол *m*	Tisch
пи́сьменный стол *m*	Schreibtisch
Сту́лья *Pl* стоя́т у стола́.	Die Stühle stehen am Tisch.
шкаф *m*	Schrank
шкаф *m* для оде́жды	Kleiderschrank
по́лка *f*	Regal
крова́ть *f*	Bett
ту́мбочка *f*	Nachttisch
В шкафу́ пальто́ *n* и ку́ртки *Pl*.	Im Schrank sind Mäntel und Jacken.
матра́с *m*	Matratze

подýшка *f*	Kissen
нáволочка *f*	Kissenbezug
простыня́ *f*	Bettlaken
одея́ло *n*	Decke
полотéнце *n*	Handtuch
ковёр *m*	Teppich
гарди́на *f* / штóра *f*	Gardine / Vorhang
обóи *Pl*	Tapete
умывáльник *m*	Waschbecken
мóйка *f*	Spülbecken
вáнна *f*	Badewanne
душ *m*	Dusche
туалéт *m*	Toilette
(водопровóдный) кран *m*	Wasserhahn
(керами́ческая) пли́тка *f*	Fliese
вáза *f*	Blumenvase
растéние *n*	Pflanze
карти́на *f*	Bild
Карти́на *f* виси́т на стенé над дивáном.	Das Bild hängt an der Wand über der Couch.
телеви́зор *m*	Fernseher
лáмпа *f*	Lampe
настóльная лáмпа *f*	Tischlampe
торшéр *m*	Stehlampe
потолóк *m*	Zimmerdecke
стенá *f*	Wand
дверь *f*	Tür
окнó *n*	Fenster
пол *m*	Fußboden
Ковёр *m* лежи́т на полý под столóм.	Der Teppich liegt auf dem Boden unter dem Tisch.

Бытова́я те́хника

Haushaltsgeräte

стира́льная маши́на *f*	Waschmaschine
посудомо́ечная маши́на *f*	Geschirrspüler
суши́лка *f* для белья́	Wäschetrockner
холоди́льник *m*	Kühlschrank
морози́льник *m*	Gefriertruhe
га́зовая плита́ *f*	Gasherd
электри́ческая плита́ *f* / электроплита́ *f*	Elektroherd
микроволно́вая печь *f* / микроволно́вка *f*	Mikrowellenherd
духо́вка *f*	Backofen
ми́ксер *m*	Mixer
ча́йник *m*	Wasserkocher
кофева́рка *f*	Kaffeemaschine
мясору́бка *f*	Fleischwolf
утю́г *m*	Bügeleisen
глади́льная доска́ *f*	Bügelbrett
пылесо́с *m*	Staubsauger
дрель *f*	Bohrmaschine
отвёртка *f*	Schraubenzieher
газонокоси́лка *f*	Rasenmäher
кондиционе́р *m*	Klimaanlage
кухо́нный комба́йн *m*	Küchenmaschine
соковыжима́лка *f*	Entsafter
фритю́рница *f*	Friteuse
то́стер *m*	Toaster
шве́йная маши́на *f*	Nähmaschine

1 Ordnen Sie folgende Gegenstände den passenden Räumen zu.

~~холоди́льник~~, пи́сьменный стол, крова́ть, телеви́зор, стира́льная маши́на, умыва́льник, ковёр, компью́тер, ту́мбочка, одея́ло, ча́йник, телефо́н, кре́сло-кача́лка, полоте́нце, мо́йка

гости́ная: ______________________

спа́льня: ______________________

кабине́т: ______________________

ку́хня: **холоди́льник**

ва́нная: ______________________

2 Ergänzen Sie die folgenden Präpositionen.

в, на, по, у, ме́жду, над

a. Мари́на живёт *в* це́нтре.
b. Она́ снима́ет кварти́ру ______ второ́м этаже́.
c. ______ гости́ной стои́т стол, ______ стола́ стоя́т сту́лья.
d. ______ стене́ виси́т краси́вая карти́на.
e. ______ дива́ном по́лка.
f. ______ дива́ном и столо́м стои́т большо́й шкаф.
g. ______ полу́ лежи́т но́вый ковёр.
h. Крова́ть и ту́мбочка ______ спа́льне.
i. ______ воскресе́ньям она лю́бит чита́ть газе́ту ______ балко́не.

3 **Übersetzen Sie den Text aus Aufgabe 2 ins Deutsche. Schreiben Sie die Sätze auf. (Wortschatz siehe Kapitel 1 und 2)**

a. *Marina wohnt im Zentrum.*

b. ______________________________

c. ______________________________

d. ______________________________

e. ______________________________

f. ______________________________

g. ______________________________

h. ______________________________

i. ______________________________

4 **Ergänzen Sie die fehlenden Endungen:**

в сад__, на ку́хн__, под стол__, на этаж__, на пол__,

для бель__, на окра́ин__, ме́жду кабине́т__, в ко́мнат__,

в це́нтр__, на балко́н__, в кварти́р__, ме́жду ку́хн__,

на стен__, над дива́н__, у стол__, для оде́жд__, с ли́фт__

Kleidung

Предмéты одéжды
Kleidungsstücke

плáтье *n*	Kleid
ю́бка *f*	Rock
блу́зка *f*	Bluse
пулóвер *m*	Pullover
рубáшка *f*	Oberhemd
мáйка *f*	T-Shirt
брю́ки *Pl*	Hose
джи́нсы *Pl*	Jeans
ремéнь *m*	Gürtel
носки́ *Pl*	Socken
гóльфы *Pl*	Kniestrümpfe
колгóтки *Pl*	Strumpfhose
гáлстук *m*	Krawatte
костю́м *m*	Anzug, Kostüm
пиджáк *m*	Jackett
ку́ртка *f*	Jacke
жилéт *m*	Weste
плащ *m*	Regenmantel
ту́фли *Pl* / óбувь *f*	Schuhe / Schuhwerk
сапоги́ *Pl*	Stiefel

Es gibt eine Vielzahl deutscher Fremdwörter im Russischen, z. B. **рюкзáк** *m* Rucksack oder **вундерки́нд** *m* Wunderkind. Einige haben eine leicht abgewandelte Bedeutung erhalten. **Гáлстук** *m* etwa kommt von Halstuch und bedeutet Krawatte, unter **бутербрóд** *m* versteht der Russe kein Butterbrot, sondern ein belegtes Brot.

пальтó *n*	Mantel
шýба *f*	Pelzmantel
перчáтки *Pl*	Handschuhe
шарф *m*	Schal
шáпка *f*	Mütze
шля́па *f*	Hut
плáвки *Pl*	Badehose
купáльник *m*	Badeanzug
сандáлии *Pl*	Sandalen
кроссóвки *Pl*	Sportschuhe
тáпочки *Pl*	Hausschuhe
пижáма *f*	Schlafanzug

Выражéния

Redewendungen

Э́та блýзка *f* мне óчень нрáвится.	Diese Bluse gefällt mir sehr gut.
Мóжно её примéрить?	Kann ich sie anprobieren?
Где здесь примéрочная *f*?	Wo ist hier die Umkleidekabine?
Я её возьмý.	Ich nehme sie.
Э́та шля́па *f* ей óчень подхóдит.	Dieser Hut steht ihr sehr gut.

В о́фисе он всегда́ но́сит костю́м *m*.	Im Büro trägt er immer einen Anzug.
Я ищу́ зи́мнюю о́бувь *f*.	Ich hätte gerne Winterschuhe.
У вас есть на разме́р ме́ньше / бо́льше?	Haben Sie eine Nummer (Größe) kleiner / größer?

Э́ти ту́фли *Pl* мне сли́шком малы́.	Diese Schuhe sind mir zu klein.
Э́то пла́тье *n* мне сли́шком у́зко.	Das Kleid ist mir zu eng.
Э́та ю́бка *f* мне сли́шком длинна́.	Dieser Rock ist mir zu lang.
Э́ти брю́ки *Pl* мне сли́шком коротки́.	Diese Hose ist mir zu kurz.
Ма́йка *f* мне сли́шком широка́.	Das T-Shirt ist mir zu weit.

Das Übermaß einer Eigenschaft wird mittels Kurzformen der Adjektive ausgedrückt. Diese verändern sich nach Genus und Numerus, werden jedoch nicht dekliniert. Zum Vergleich: **широ́кий** *m* – **широ́к** *m*, **широ́кая** *f* – **широка́** *f*, **широ́кое** *n* – **широко́** *n*, **широ́кие** *Pl* – **широки́** *Pl*.

Цвет, узо́р и материа́л

Farbe, Muster und Material

бе́лая блу́зка *f*	eine weiße Bluse
си́ний пуло́вер *m*	ein blauer Pullover
тёмно-си́няя ю́бка *f*	ein dunkelblauer Rock

голубóй плащ *m*	ein hellblauer Regenmantel
жёлтый купáльник *m*	ein gelber Bikini
чёрные джи́нсы *Pl*	schwarze Jeans
кори́чневые тýфли *Pl*	braune Schuhe
зелёная мáйка *f*	ein grünes T-Shirt
сéрые носки́ *Pl*	graue Socken
крáсное плáтье *n*	ein rotes Kleid
свéтло-жёлтая пижáма *f* в бéлый горóшек	ein hellgelber Schlafanzug mit weißen Punkten
крáсно-голубóй гáлстук *m* в полóску	eine rot-blau gestreifte Krawatte
кýртка *f* в клéтку	eine karierte Jacke
блýзка *f* с узóром в ви́де цветóв	eine Bluse mit einem Blumenmuster
шёлковый платóк *m*	ein Seidentuch
мáйка *f* из хлóпка	ein T-Shirt aus Baumwolle
носки́ *Pl* из шéрсти	Wollsocken
кóжаные тýфли *Pl*	Lederschuhe

Украшéния
Schmuck

украшéние *n*	Schmuck
жемчýжное ожерéлье *n*	Perlenkette
кольцó *n* с бриллиáнтом	Diamantring
золоты́е сéрьги *Pl*	Ohrringe aus Gold
браслéт *m*	Armband
нарýчные часы́ *Pl*	Armbanduhr
бижутéрия *f*	Modeschmuck

1 **Finden Sie im Buchstabenfeld 11 Kleidungsstücke (waagrecht oder senkrecht).**

й	ш	о	г	о	л	ь	ф	ы
к	у	п	а	л	ь	н	и	к
у	б	л	л	м	а	й	к	а
р	а	а	с	а	п	о	г	и
т	д	т	т	у	ф	л	и	р
к	о	ь	у	б	р	ю	к	и
а	м	е	к	ы	п	о	я	с

2 **Ergänzen Sie die Endungen der Adjektive. Achten Sie dabei auf das Geschlecht der Substantive. (Wortschatz siehe Kapitel 1 und 3)**

корúчнев**ая** кýртка, жёлт__ ю́бка, чёрн__ пальтó,

бéл__ блýзка, зелён__ плащ, сúн__ пиджáк,

сéр__ носкú, крáсн__ тáпочки, голуб__ джúнсы,

ширóк__ шарф, корóтк__ рубáшка, длúнн__ шýба,

ýзк__ сапогú, больш__ шáпка, мáленьк__ перчáтки

3 **Sortieren Sie die Substantive nach ihrem Geschlecht. Achtung: Einige davon kommen nur im Plural vor.**

украше́ние	пижа́ма	джи́нсы	блу́зка
часы́	ожере́лье	пла́тье	шарф
брю́ки	плащ	пуло́вер	ю́бка

männlich	*weiblich*	*neutral*	*Plural*
______	______	______	______
______	______	______	______
______	______	______	______

4 **Bei den Kleidungsstücken sind die Buchstaben durcheinander geraten. Ordnen Sie diese.**

a. ксоютм ______________________

b. раубшак ______________________

c. сгаклут ______________________

d. ктраук ______________________

e. оиспга ______________________

f. ашкпа ______________________

g. апоьлт ______________________

4 Einkaufen

Выражéния
Redewendungen

Я бы хотéл *m* / хотéла *f*	Ich hätte gern ...
У вас есть ...?	Haben Sie ...? / Gibt es ...?
Покажи́те мне, пожáлуйста ...	Können Sie mir bitte ... zeigen?
Бýдьте добры́!	Können Sie mir helfen?
Я тóлько смотрю́.	Ich sehe mich nur um.
Я ищý ...	Ich suche ...
Заверни́те, пожáлуйста.	Würden Sie es bitte einpacken?
Э́то как раз то, что я ищý.	Genau das suche ich.
Да, конéчно.	Ja, natürlich
Скóлько стóит цветнáя капýста *f*?	Was kostet der Blumenkohl?
Скóлько стóят апельси́ны *Pl*?	Was kosten die Orangen?
дóрого	teuer
дёшево	billig
Угощáйтесь!	Bedienen Sie sich!
Чтó-нибудь ещё?	Noch etwas?
Нет, спаси́бо. Э́то всё.	Nein, danke. Das ist alles.

Ско́лько с меня́?	Wie viel macht das?
ски́дка *f* на ...	Rabatt auf ...
распрода́жа *f*	Schlussverkauf
теле́жки *Pl* (для поку́пок)	Einkaufswagen
самообслу́живание *n*	Selbstbedienung
Вот ка́сса *f*.	Da ist die Kasse.
вре́мя *n* рабо́ты	Öffnungszeiten
Во ско́лько (часо́в) открыва́ется хле́бный магази́н *m*?	Um wie viel Uhr öffnet die Bäckerei?
Во ско́лько (часо́в) закрыва́ется банк *m*?	Um wie viel Uhr schließt die Bank?
Суперма́ркет *m* рабо́тает с восьми́ (часо́в) утра́ до восьми́ (часо́в) ве́чера.	Der Supermarkt ist von 8 Uhr morgens bis 8 Uhr abends geöffnet.
су́тки *Pl*	Tag und Nacht (24 Stunden)
Кио́ск *m* рабо́тает два́дцать четы́ре часа́ в су́тки.	Der Kiosk ist Tag und Nacht geöffnet.

Чи́сла, ма́сса и упако́вка

Zahlen, Mengen und Verpackung

оди́н – два – три – четы́ре – пять –	1 – 2 – 3 – 4 – 5 –
ше́сть – семь – во́семь – де́вять – де́сять –	6 – 7 – 8 – 9 – 10 –
оди́ннадцать – двена́дцать – трина́дцать – четы́рнадцать – пятна́дцать –	11 – 12 – 13 – 14 – 15 –
шестна́дцать – семна́дцать – восемна́дцать – девятна́дцать – два́дцать –	16 – 17 – 18 – 19 – 20 –
два́дцать оди́н – два́дцать два – два́дцать три - два́дцать четы́ре – два́дцать пять –	21 – 22 – 23 – 24 – 25 –

три́дцать оди́н – три́дцать два – три́дцать три … –	31 – 32 – 33 … –
со́рок – пятьдеся́т – шестьдеся́т – се́мьдесят – во́семьдесят – девяно́сто –	40 – 50 – 60 – 70 – 80 – 90 –
сто – сто девяно́сто де́вять –	100 – 199 –
две́сти – три́ста – четы́реста – пятьсо́т –	200 – 300 – 400 – 500 –
шестьсо́т – семьсо́т – восемьсо́т – девятьсо́т –	600 – 700 – 800 – 900 –
ты́сяча – две ты́сячи – пять ты́сяч	1.000 – 2.000 – 5.000
миллио́н – два миллио́на – пять миллио́нов	1.000.000 – 2.000.000 – 5.000.000
миллиа́рд	1.000.000.000
пе́рвый – второ́й – тре́тий – четвёртый – пя́тый –	1. – 2. – 3. – 4. – 5. –
шесто́й – седьмо́й – восьмо́й – девя́тый – деся́тый	6. – 7. – 8. – 9. – 10.

Ordnungszahlen stehen in der Regel bei Substantiven und stimmen mit diesen in Genus, Kasus und Numerus überein, z. B. **пе́рвый райо́н** *m* (1. Bezirk), **пе́рвая ка́сса** *f* (1. Kasse), **пе́рвое ме́сто** *n* (1. Platz), **пе́рвые райо́ны, ка́ссы, места́** *Pl*. Eine Ausnahme bildet **тре́тий** *m*, es weist in allen abgeleiteten Kasus ein **-ь-** vor der Endung auf **тре́тья** *f*, **тре́тье** *n*, **тре́тьи** *Pl*. Ordnungszahlen werden wie Adjektive dekliniert.

Взве́сьте, пожа́луйста …	Wiegen Sie bitte … ab.
сто гра́мм саля́ми	100 Gramm Salami
два килогра́мма я́блок	zwei Kilo Äpfel

Im Russischen bestimmen die Zahlwörter, in welchem Fall das folgende Substantiv steht: Nach **оди́н** *m* / **одна́** *f* / **одно́** *n* steht der Nominativ Singular, nach **два** *m* / *n*, **две** *f*, **три, четы́ре** der Genitiv Singular, nach **ноль / нуль** und ab **пять** der Genitiv Plural.
Zum Vergleich: **одна́ теле́жка** *f*, **две теле́жки, пять теле́жек.**
Achtung: Bei zusammengesetzten Zahlen ist das letzte Wort entscheidend: **два́дцать две теле́жки.**

коро́бка *f* / па́чка *f* пече́нья	eine Schachtel Kekse
ба́нка *f* сарди́н	eine Dose Sardinen
я́щик *m* пи́ва	ein Kasten Bier
литр *m* молока́	ein Liter Milch
буты́лка *f* минера́льной воды́	eine Flasche Mineralwasser
(стекло)та́ра *f*	Flaschenpfand

Магази́ны и това́ры

Geschäfte und Waren

На ры́нке	**Auf dem Markt**
фру́кты *Pl*	Obst
апельси́н *m*	Orange
я́блоко *n*	Apfel
гру́ша *f*	Birne
ви́шня *f*	Kirsche
клубни́ка *f*	Erdbeere
пе́рсик *m*	Pfirsich
виногра́д *m*	Weintraube
анана́с *m*	Ananas
лимо́н *m*	Zitrone
сли́ва *f*	Pflaume
о́вощи *Pl*	Gemüse
карто́фель *m*	Kartoffel
помидо́р *m*	Tomate
огуре́ц *m*	Gurke

капу́ста *f*	Kohl
морко́вь *f*	Karotte
свёкла *f*	rote Bete
сла́дкий пе́рец *m*	Paprika
лук *m*	Zwiebel
чесно́к *m*	Knoblauch

В мясно́й ла́вке — In der Metzgerei

мя́со *n*	Fleisch
свини́на *f*	Schweinefleisch
говя́дина *f*	Rindfleisch
теля́тина *f*	Kalbfleisch
бара́нина *f*	Lamm
куря́тина *f*	Hühnchen
фарш *m*	Hackfleisch
са́ло *n*	Speck
ветчина́ *f*	Schinken
соси́ски *Pl*	Würstchen

В ры́бном магази́не — Im Fischladen

лосо́сь *m*	Lachs
форе́ль *f*	Forelle
карп *m*	Karpfen
туне́ц *m*	Thunfisch
сельдь *f*	Hering
щу́ка *f*	Hecht
креве́тка *f*	Garnele
рак *m*	Krebs
у́стрица *f*	Auster
моллю́ски *Pl*	Muschel
икра́ *f*	Kaviar
морепроду́кты *Pl*	Meeresfrüchte

В хле́бном магази́не — In der Bäckerei

хлеб *m*	Brot
бу́лочка *f*	Brötchen
торт *m*	Torte
пиро́жное *n*	Törtchen
пиро́г *m*	Kuchen

In Russland gibt es fast keine Bäckereien oder Konditoreien, wie man sie in Deutschland kennt. Die Backwaren **хлебобу́лочные изде́лия** *Pl* werden hauptsächlich in Supermärkten oder auf dem Markt an kleinen Ständen verkauft. Die Auswahl an Brotsorten ist sehr vielfältig, eine der bekanntesten ist **Бороди́нский хлеб** aus Roggenmehl. Ebenso zahlreich sind die verschiedenen Brötchen, Gebäckstücke (z. B. **пря́ник** *m*, eine Art Lebkuchen) und Kuchen.

В цвето́чном магази́не — Im Blumenladen

цвето́к *m*	Blume
ва́за *f* для цвето́в	Blumenvase
цвето́чный горшо́к *m*	Blumentopf
упакова́ть пода́рок *m*	ein Geschenk einpacken
соста́вить буке́т *m*	einen Blumenstrauß zusammenstellen
буке́т *m* роз	ein Strauß Rosen
расте́ние *n*	Pflanze
удобре́ние *n*	Dünger

В ви́нном магази́не — In der Weinhandlung

кра́сное вино́ *n*	Rotwein
бе́лое вино́ *n*	Weißwein
ро́зовое вино́ *n*	Rosé
игри́стое вино́ *n*	Sekt
сухо́е вино́ *n*	ein trockener Wein
полусухо́е вино́ *n*	ein halbtrockener Wein
сла́дкое вино́ *n*	ein süßer Wein

В магази́не напи́тков	Im Getränkemarkt
минера́льная вода́ *f*	Mineralwasser
с га́зом	mit Kohlensäure
без га́за	ohne Kohlensäure
прохлади́тельный напи́ток *m*	Erfrischungsgetränk
лимона́д *m*	Limonade
апельси́новый сок *m*	Orangensaft
пи́во *n*	Bier
безалкого́льное пи́во *n*	alkoholfreies Bier
алкого́льные напи́тки *Pl*	alkoholische Getränke
во́дка *f*	Wodka
хе́рес *m*	Sherry
шампа́нское *n*	Sekt / Champagner

В апте́ке	In der Apotheke
лека́рство *n*	Medizin
табле́тка *f*	Tablette
табле́тки *Pl* от головно́й бо́ли	Kopfschmerztabletten
антибио́тик *m*	Antibiotikum
миксту́ра *f* от ка́шля	Hustensaft
пла́стырь *m*	Pflaster
гра́дусник *m*	Fieberthermometer
повя́зка *f*	Verband
мазь *f*	Salbe
мазь *f* от ожо́гов	Brandsalbe
ка́пли *Pl*	Tropfen
травяно́й чай *m*	Kräutertee

В суперма́ркете	Im Supermarkt
йо́гурт *m*	Joghurt
молоко́ *n*	Milch
сли́вки *Pl*	Sahne
смета́на *f*	saure Sahne

сли́вочное ма́сло ***n***	Butter
расти́тельное ма́сло ***n***	Pflanzenöl
сыр ***m***	Käse
я́йца ***Pl***	Eier
майоне́з ***m***	Mayonnaise
горчи́ца ***f***	Senf
варе́нье ***n***	Konfitüre
мёд ***m***	Honig
мю́сли ***Pl***	Müsli
са́хар ***m***	Zucker
мука́ ***f***	Mehl
носово́й плато́к ***m***	Taschentuch
туале́тная бума́га ***f***	Toilettenpapier
мо́ющее сре́дство ***n***	Reinigungsmittel
подгу́зник ***m***	Windel
зубна́я па́ста ***f***	Zahnpasta
зубна́я щётка ***f***	Zahnbürste
мы́ло ***n***	Seife
жи́дкое мы́ло ***n***	Duschgel
солнцезащи́тное сре́дство ***n***	Sonnenschutzmittel
спи́чки ***Pl***	Streichhölzer
зажига́лка ***f***	Feuerzeug
пе́пельница ***f***	Aschenbecher

Die Öffnungszeiten der Lebensmittelgeschäfte sind sehr unterschiedlich. Häufig haben sie auch **по воскресе́ньям** sonntags offen. Viele private Läden (besonders in den Großstädten) bieten ihre Waren Tag und Nacht an. Empfehlenswert ist es, **ры́нки / база́ры** *Pl* die Märkte zu besuchen: Hier haben Sie eine hervorragende Möglichkeit, Ihre Sprachkenntnisse unter Beweis zu stellen, auch wenn die Waren plötzlich etwas teurer werden als für die Einheimischen. **„Купи́л, не купи́л, а поторгова́ться мо́жно."** – „Handeln ist erlaubt!"

1 **Nummerieren Sie den Dialog in der richtigen Reihenfolge. (Wortschatz siehe Kapitel 2 und 4)**

____ Спаси́бо, а молоко́ у вас есть?

____ Спаси́бо.

____ А где де́ти?

____ Да, с удово́льствием!

____ Зо́я в де́тской, а Са́ша в гости́ной.

____ Здесь ку́хня. Как насчёт ча́шечки ко́фе?

_1_ До́брый день, Мари́на Петро́вна.

____ Пожа́луйста, ко́фе и са́хар.

____ Господи́н Бе́ргманн, здра́вствуйте! Добро́ пожа́ловать!

____ Вот на́ша но́вая кварти́ра. Проходи́те!

____ Коне́чно. А вот пиро́жное и фру́кты. Пожа́луйста, угоща́йтесь!

____ У вас о́чень ую́тная кварти́ра.

2 **Ordnen Sie die Wörter den passenden Läden zu.**

свёкла, мазь, лук, гру́ша, ~~фарш~~, бара́нина, икра́, шампа́нское, пи́во, хлеб, повя́зка, морепроду́кты, сельдь, свини́на, бу́лочка, огуре́ц, клубни́ка, соси́ски, чесно́к, во́дка, лека́рство

хле́бный магази́н: ________________

мясна́я ла́вка: **фарш**

ры́бный магази́н: ________________

алкого́льные напи́тки: ________________

апте́ка: ________________

о́вощи и фру́кты: ________________

3 **Formulieren Sie die folgenden Fragen auf Russisch. Schreiben Sie sie auf. (Wortschatz siehe Kapitel 1, 2 und 4)**

a. Fragen Sie, ob der Supermarkt wirklich bis 8 Uhr abends geöffnet ist.

____

b. Erkundigen Sie sich, wo die Einkaufswagen stehen.

____

c. Fragen Sie, ob es heute Rabatt auf Meeresfrüchte gibt.

____

d. Sie möchten wissen, wo Sie Kräutertee kaufen können.

____

e. Fragen Sie, wie viel das macht.

____

Bildung und Beruf

Образова́ние

Bildung

шко́ла *f*	Schule
гимна́зия *f*	Gymnasium
учени́к *m* – учени́ца *f*	Schüler – Schülerin
учи́тель *m* – учи́тельница *f*	Lehrer – Lehrerin
де́лать дома́шнее зада́ние *n*	Hausaufgaben machen
получи́ть хоро́шие отме́тки *Pl*	gute Noten bekommen

университе́т *m*	Universität
преподава́тель *m* – преподава́тельница *f*	Hochschullehrer – Hochschullehrerin
преподава́ть	unterrichten
профе́ссор	Professor – Professorin
студе́нт *m* – студе́нтка *f*	Student – Studentin
сдать экза́мен *m*	eine Prüfung ablegen
сдать экза́мен *m* на „отли́чно“	eine Prüfung mit „sehr gut“ bestehen
провали́ться на экза́мене	in einer Prüfung durchfallen
свиде́тельство *n*	Zeugnis

In Russland beginnen die Schüler nach der 9. Klasse eine Ausbildung oder legen nach der 11. Klasse das Abitur ab. Das ensprechende „Zeugnis über die allgemeine Schulausbildung" heißt **аттестáт** *m*. In der Zeit bis zum Studium bezeichnet man die Schüler als **абитуриéнты** *Pl*.

Профéссия

Beruf

рабóта ***f***	Arbeit
предложéние ***n*** **рабóты**	Stellenangebot
рабóтать	arbeiten
рабóтать на пóлную стáвку	Vollzeit arbeiten
на полстáвки	Teilzeit
скользя́щий грáфик ***m*** **(рабóчего врéмени)**	flexible Arbeitszeit
зарплáта ***f***	Gehalt
заявлéние ***n***	Bewerbung
докумéнты ***Pl*** **(прилагáющиеся к заявлéнию)**	Bewerbungsunterlagen
автобиогрáфия ***f***	Lebenslauf
собесéдование ***n*** **(при приёме на рабóту)**	Vorstellungsgespräch
свобóдно говори́ть на англи́йском / францу́зском / ру́сском (языкé)	fließend Englisch / Französisch / Russisch sprechen
предприя́тие ***n***	Unternehmen
фи́рма ***f***	Firma
магази́н ***m***	Geschäft, Laden
универмáг ***m*** **(универсáльный магази́н** ***m*****)**	Kaufhaus
продавáть	verkaufen
продавéц ***m*** **– продавщи́ца** ***f***	Verkäufer – Verkäuferin
покупáть	kaufen

консульти́ровать покупа́телей	Kunden beraten
слу́жащий *m* / слу́жащая *f*	Angestellter
о́фис *m*	Büro
стро́ить дома́ *Pl*	Häuser bauen
промы́шленное предприя́тие *n*	Industrieunternehmen
архите́ктор *m*	Architekt
адвока́т *m*	Anwalt
судья́	Richter
суд *m*	Gericht
бухга́лтер *m*	Buchhalter
инжене́р *m*	Ingenieur
журнали́ст *m*	Journalist
писа́ть статью́	Artikel schreiben
врач *m*	Arzt – Ärztin
зубно́й врач *m* / стомато́лог *m*	Zahnarzt – Zahnärztin
санита́р *m* – санита́рка *f*	Pfleger – Pflegerin
медсестра́ *f*	Krankenschwester
больни́ца *f*	Krankenhaus
актёр *m* – актри́са *f*	Schauspieler – Schauspielerin
теа́тр *m*	Theater
бюро́ *n* путеше́ствий / тураге́нство *n*	Reisebüro
туристи́ческий аге́нт *m* / тураге́нт *m*	Reisebürokaufmann
мясни́к *m*	Metzger
мясна́я ла́вка *f*	Metzgerei
пе́карь *m*	Bäcker
печь хлеб *m*	Brot backen
сапо́жник *m*	Schuster
чини́ть о́бувь *f*	Schuhe reparieren
дома́шняя хозя́йка *f* / домохозя́йка *f*	Hausfrau

забóтиться о семьé	sich um die Familie kümmern
официáнт *m* – официáнтка *f*	Kellner – Kellnerin
подавáть едý и напúтки	Speisen und Getränke servieren
садóвник *m*	Gärtner
рабóтать в садý	im Garten arbeiten

In der Regel lautet nach den Präpositionen **в** und **на** im Präp. Sing. die Endung von Maskulina **-е**, z. B. **на столé, в гóроде**. Einige Ausnahmen kennen Sie schon, sie bilden den Präp. auf ein betontes **-у**: **шкаф** *m* **– на, в шкафý**; пол *m* **– на полý; сад** *m* **– в садý**. Weitere gebräuchliche Beispiele dafür sind **мост** *m* **– на мостý** auf der Brücke, **лес** *m* **– в лесý** im Wald oder **аэропóрт** *m* **– в аэропортý**.

автомехáник *m*	Automechaniker
авторемóнтная мастерскáя *f* / автомастерскáя *f*	Autoreparaturwerkstatt
парикмáхер *m*	Friseur – Friseurin
парикмáхерская *f*	Friseursalon
воспитáтель *m* - воспитáтельница *f*	Erzieher – Erzieherin
дéтский сад *m*	Kindergarten
милиционéр *m*	Polizist – Polizistin
кондýктор *m*	Schaffner – Schaffnerin
сантéхник *m*	Sanitärinstallateur
тóкарь *m*	Dreher
слéсарь *m*	Schlosser – Schlosserin
столя́р *m*	Tischler – Tischlerin
плóтник *m*	Zimmermann

1 **Was passt zusammen? Ordnen Sie zu. (Wortschatz siehe Kapitel 4 und 5)**

a. консульти́ровать →	аттеста́т
b. писа́ть	о семье́
c. подава́ть	статью́
d. забо́титься	напи́тки
e. рабо́тать	хлеб
f. печь	в университе́те
g. получи́ть	в мясно́й ла́вке
h. провали́ться	покупа́телей
i. преподава́ть	в универма́ге
j. продава́ть	на экза́мене

2 **Ordnen Sie die Wörter in die passende Spalte ein:**

учени́ца	продаве́ц	отме́тки
стомато́лог	больни́ца	покупа́ть
санита́р	экза́мен	магази́н
свиде́тельство	учи́тель	

универма́г	**врач**	**шко́ла**
______	______	______
______	______	______
______	______	______
______	______	______
______	______	______

3 **Benutzen Sie die folgenden Endungen und ergänzen die Berufsbezeichnungen.**

-ник, -ец, ~~-ист~~, -ик, -ор, -ница, -иса, -ка, -ер

журнал**ист**, мяс_____, официант_____, санитар_____,

продав_____, парикмах_____, садов_____, автомехан_____,

архитект_____, актр_____, учитель_____

4 **Wer arbeietet wo? Ordnen Sie die Arbeitsplätze den Berufen zu.**

1. парикма́хер	**a.** де́тский сад
2. автомеха́ник	**b.** парикма́херская
3. актёр	**c.** мясна́я ла́вка
4. воспита́тельница	**d.** автомастерска́я
5. мясни́к	**e.** теа́тр

Сре́дства ма́ссовой информа́ции
Medien

газе́та ***f***	Zeitung
журна́л ***m***	Zeitschrift
вы́писать газе́ту	eine Zeitung abonnieren
кни́га ***f***	Buch
рома́н ***m***	Roman
письмо́ ***n***	Brief
заказно́е письмо́ ***n***	Einschreiben
авиапо́чта ***f***	Luftpost
откры́тка ***f***	Postkarte
бандеро́ль ***f***	Päckchen
ра́дио ***n***	Radio
телеви́зор ***m***	Fernseher
но́вости ***Pl***	Nachrichten
телефо́н ***m***	Telefon
телефо́нный разгово́р ***m***	Telefongespräch
набра́ть но́мер ***m*** **(телефо́на)**	Telefonnummer wählen

In der Umgangssprache verwendet man meist **рабо́чий телефо́н** *m* oder **дома́шний телефо́н** *m* für die geschäftliche bzw. private Telefonnummer, statt der längeren offiziellen Bezeichnungen **но́мер** *m* **рабо́чего телефо́на** oder **но́мер** *m* **дома́шнего телефо́на**.

звоно́к ***m***	Anruf
звони́ть	telefonieren
безлими́тный тари́ф ***m***	Pauschaltarif
автоотве́тчик ***m***	Anrufbeantworter
сообще́ние ***n*** **на автоотве́тчике**	Nachricht auf dem Anrufbeantworter

мобильный телефон *m* / мобильник *m*	Mobiltelefon / Handy
СМС (эсэмэс(ка))	SMS

Handygespräche sind in Russland nicht teuer. Da außerdem ein Festnetzanschluss je nach Lage des Hauses mit großem organisatorischen und finanziellen Aufwand verbunden ist, verzichten viele Russen darauf und benutzen nur das Handy. Für Auslandsgespräche ist eine Telefonkarte **телефонная карточка** *f* für die öffentlichen Telefonzellen günstiger. Beides erhält man z. B. auf dem Postamt **почтамт** *m*.

электронная почта *f*	E-Mail
Какой у тебя адрес электронной почты?	Wie ist deine E-Mail-Adresse?
доступ *m* в Интернет	Zugang ins Internet
работать в Интернете	im Internet surfen
пароль *m*	Passwort
веб-страница *f*	Website
ссылка *f*	Link
чат *m*	Chat
поисковая система *f*	Suchmaschine
факс *m*	Fax

Знаки электронной почты

E-Mail-Zeichen

точка *f*	Punkt
минус *m* – плюс *m*	minus – plus
подчёркивание *n*	Unterstrich
косая черта *f*	Schrägstrich
обратная косая черта *f*	negativer Schrägstrich / Backslash

In der Computersprache sind für die Schrägstriche wie im Deutschen auch Anglizismen gebräuchlich: **(прямо́й) слеш** *m* bzw. **обра́тный слеш** *m* / **бэ́кслеш** *m*. Für das @-Zeichen wird in der Umgangssprache meist **соба́ка** *f* (Hund) oder seine Verkleinerungsform **соба́чка** *f* benutzt.

Компью́тер

Computer

но́утбу́к *m*	Laptop
включа́ть	hochfahren
выключа́ть	abschalten
по́льзователь *m*	Benutzer
клавиату́ра *f*	Tastatur
монито́р *m*	Bildschirm
мы́шка *f*	Maus
нажима́ть / кли́кать	klicken
при́нтер *m*	Drucker
флэш-накопи́тель *m* / флэ́шка *f*	USB-Stick
жёсткий диск *m*	Festplatte
операти́вная па́мять *f*	Arbeitsspeicher
объём *m* (операти́вной) па́мяти	Speicherkapazität
операцио́нная систе́ма *f*	Betriebssystem
програ́мма *f*	Programm
да́нные *Pl*	Daten
файл *m*	Datei
скача́ть	herunterladen
вводи́ть паро́ль *m*	ein Passwort eingeben
переноси́ть фа́йлы *Pl*	Dateien übertragen
сохраня́ть	abspeichern
удаля́ть	löschen
копи́ровать	kopieren
резе́рвная ко́пия *f* / бэк-ап *m*	Sicherungskopie

ви́рус *m*	Virus
защи́та *f* **от ви́руса**	Virenschutz

Выраже́ния
Redewendungen

Кто у телефо́на?	Wer ist am Apparat?

Wundern Sie sich beim Telefonieren nicht, wenn sich Ihr Gesprächspartner nicht mit Namen meldet, sondern einfach mit **„Алло!“** – „Hallo!“, **„Да.“** – „Ja.“ oder **„Слушаю!“** – „Ich höre!“. Das ist nicht unhöflich gemeint! Bei geschäftlichen Telefonaten ist es aber üblich, sich selbst und die Firma vorzustellen: **„До́брый день** *m*. **Рекла́мное аге́нство** *m* **„Гару́сс“, секрета́рь** *m* **генера́льного дире́ктора. Слу́шаю вас.“** – wörtlich: „Guten Tag. Werbeagentur „Garuss“, Sekretär des Generaldirektors. Ich höre Sie.“.

Твоя́ ма́ма там?	Ist deine Mutter da?
(Одну́) мину́точку, пожа́луйста.	Einen Augenblick, bitte.
Мо́жно мне поговори́ть с заве́дующим?	Kann ich bitte mit dem Geschäftsführer sprechen?
Его́ всё ещё нет в о́фисе.	Er ist immer noch nicht im Büro.

Он уе́хал по дела́м.	Er hat einen Auswärtstermin.
Он в командиро́вке.	Er ist auf Dienstreise.
Ему́ что́-нибудь переда́ть?	Soll ich ihm etwas ausrichten?
Переда́йте, пожа́луйста, пусть он мне перезвони́т.	Könnten Sie ihn bitten, mich zurückzurufen?
Вам когда́ удо́бнее?	Wann passt es Ihnen am besten?
Хорошо́.	Gerne.
Не́ за что!	Nichts zu danken!
Соединя́ю.	Ich verbinde Sie.
Не клади́те тру́бку!	Bleiben Sie dran!
За́нято.	Es ist besetzt.
Я не могу́ дозвони́ться, всё вре́мя *n* за́нято!	Ich komme nicht durch, es ist immer besetzt!
Связь *f* всё вре́мя *n* прерыва́ется!	Die Verbindung wird ständig unterbrochen!
Наве́рное связь *f* не рабо́тает.	Die Verbindung ist wohl gestört.
Он не отвеча́ет.	Er antwortet nicht.
Мо́жно мне оста́вить сообще́ние *n*?	Kann ich eine Nachricht hinterlassen?
Не хоте́ли бы вы оста́вить сообще́ние *n*?	Möchten Sie eine Nachricht hinterlassen?
Оста́вьте ва́ше сообще́ние *n* по́сле гудка́!	Hinterlassen Sie Ihre Nachricht nach dem Signalton!
Когда́ он вернётся?	Wann wird er zurück sein?
Я позвоню́ ещё раз че́рез час.	Ich rufe in einer Stunde noch einmal an.
Я вас пло́хо слы́шу.	Ich kann Sie schlecht hören.
Э́то я не по́нял *m* / поняла́ *f*.	Ich habe das nicht verstanden.
Извини́те, я оши́бся *m* / оши́блась *f* но́мером.	Entschuldigung, ich habe mich verwählt.
Я ду́маю, что ...	Ich denke, dass ...
По моему́ мне́нию ...	Meiner Meinung nach ...
А что ты ду́маешь?	Was meinst du?
Ты согла́сен *m* / согла́сна *f*?	Bist du einverstanden?

Согла́сен *m* / согла́сна *f*.	Ich bin einverstanden.
Я с тобо́й (не) во всём согла́сен *m* / согла́сна *f*.	Ich stimme dir (nicht) völlig zu.
Ты сомнева́ешься?	Hast du Zweifel?
Я э́тому не ве́рю.	Das glaube ich nicht.
Не мо́жет быть!	Das kann nicht wahr sein!
отклони́ть предложе́ние	einen Vorschlag ablehnen
дать согла́сие *n*	akzeptieren
(по)ду́мать о чём-либо	über etwas nachdenken
Ты меня вообще́ слу́шаешь?	Hörst du mir überhaupt zu?
Повтори́те, пожа́луйста.	Könnten Sie das bitte wiederholen?
У меня пробле́ма *f* (нет пробле́м).	Ich habe ein (kein) Problem.
пода́ть хоро́шую иде́ю	auf eine gute Idee bringen
Что ты э́тим хо́чешь сказа́ть?	Was willst du damit sagen?
Э́то зна́чит, что ...	Das bedeutet, dass ...
Говори́те, пожа́луйста, немно́го гро́мче / погро́мче!	Sprechen Sie bitte etwas lauter!

Das Präfix **по-** vor Adverben hat abschwächende Bedeutung: **погро́мче = немно́го гро́мче** (etwas / ein bisschen lauter).

ти́ше	leiser
отчётливее	deutlicher
ме́дленнее	langsamer

1 Ordnen Sie den Wörtern ihr Gegenteil zu.

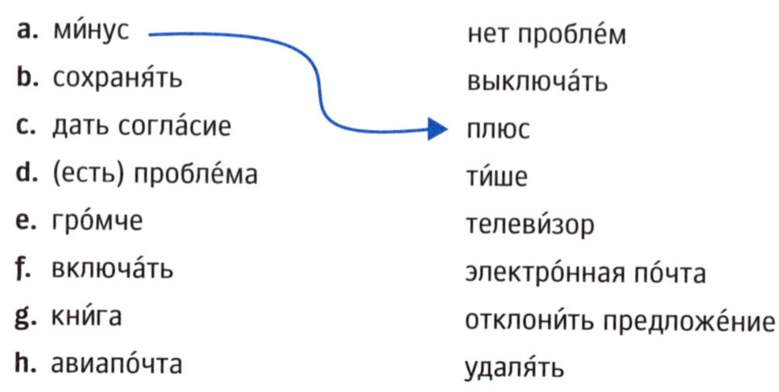

a. ми́нус → плюс
b. сохраня́ть
c. дать согла́сие
d. (есть) пробле́ма
e. гро́мче
f. включа́ть
g. кни́га
h. авиапо́чта

нет пробле́м
выключа́ть
плюс
ти́ше
телеви́зор
электро́нная по́чта
отклони́ть предложе́ние
удаля́ть

2 Vervollständigen Sie die Verben aus dem Wortschatz.

в _ _ _ и т ь
п _ _ _ _ _ _ и т ь
п _ _ _ _ _ и т ь
п _ _ _ _ _ _ _ и т ь
о _ _ _ _ и т ь
о _ _ _ _ _ и т ь
п _ _ _ _ _ и т ь

в _ _ _ _ а т ь
д _ _ а т ь
а _ _ _ _ _ _ _ _ _ а т ь
с _ _ _ а т ь
н _ _ _ _ а т ь
в _ _ _ _ _ а т ь
р _ _ _ _ а т ь

3 **Ergänzen Sie die passenden Äußerungen von Inna Sergeewna (△) im Telefongespräch mit Katja (○):**

a. Переда́й, пожа́луйста, пусть она́ мне перезвони́т.

b. Да, коне́чно. Повторя́ю: сто со́рок – две́сти трина́дцать – пятьсо́т шестьдеся́т во́семь. Большо́е спаси́бо и всего́ хоро́шего.

c. А когда́ она́ вернётся?

d. Мой но́мер телефо́на: сто со́рок – две́сти трина́дцать – пятьсо́т шестьдеся́т во́семь.

e. Ка́тя, э́то И́нна Серге́евна. Мо́жно мне поговори́ть с твое́й ма́мой? Она́ до́ма?

f. Извини́. Э́то но́мер моби́льника: сто со́рок – две́сти трина́дцать – пятьсо́т шестьдеся́т во́семь.

○ Алло́!

△ Здра́вствуй! А кто у телефо́на?

○ Здра́вствуйте! Э́то Ка́тя.

△ ______________________________

○ К сожале́нию, она́ всё ещё на рабо́те.

△ ______________________________

○ Я ду́маю, че́рез час.

△ ______________________________

○ Хорошо́.

△ ______________________________

○ Мину́точку. Говори́те, пожа́луйста, поме́дленнее.

△ ______________________________

○ Повтори́те, пожа́луйста.

△ ______________________________

○ Не́ за что! До свида́ния.

7 Freizeit

Кани́кулы / О́тпуск

Ferien / Urlaub

быть в о́тпуске	im Urlaub sein
идти́ в о́тпуск *m*	in den Urlaub gehen
ле́тний о́тпуск *m*	Sommerurlaub
высо́кий сезо́н *m*	Hauptsaison
ни́зкий сезо́н *m*	Nebensaison
зи́мние кани́кулы *Pl*	Winterferien
на кани́кулах	in den Ferien
пра́здник *m* / выходно́й (день) *m*	Feiertag

Организа́ция свобо́дного вре́мени

Freizeitgestaltung

занима́ться спо́ртом	Sport treiben
ката́ться на велосипе́де	Rad fahren
ката́ться на ро́ликах	Rollschuh laufen
ката́ться на конька́х	Schlittschuh laufen
ходи́ть в тренажёрный зал *m*	ins Fitnessstudio gehen
игра́ть в футбо́л *m*	Fußball spielen
футбо́льный стадио́н *m*	Fußballstadion
те́ннис *m*	Tennis
насто́льный те́ннис *m*	Tischtennis
гандбо́л *m* / ручно́й мяч *m*	Handball
лёгкая атле́тика *f*	Leichtathletik
аэро́бика *f*	Aerobic
гимна́стика *f*	Gymnastik
бе́гать трусцо́й	joggen
ходи́ть под па́русом	segeln

пры́гать с парашю́том	Fallschirm springen
лета́ть на паrapла́не	Gleitschirm fliegen
пляж *m*	Strand
пла́вать	schwimmen
загора́ть	ein Sonnenbad nehmen
о́зеро *n*	See
мо́ре *n*	Meer
собира́ть ра́ку́шки *Pl*	Muscheln sammeln
гуля́ть	spazieren gehen
идти́ в похо́д *m*	wandern
е́здить за́ город	ins Grüne fahren / aufs Land fahren
наслажда́ться приро́дой	die Natur genießen
ходи́ть по грибы́ *Pl*	Pilze suchen
отдыха́ть	sich erholen
осма́тривать достопримеча́тельности *Pl*	Sehenswürdigkeiten besichtigen
архитекту́ра *f*	Architektur
це́рковь *f*	Kirche
собо́р *m*	Kathedrale
монасты́рь *m*	Kloster
путеше́ствовать	reisen
соверши́ть путеше́ствие *n*	eine Reise machen
соверши́ть пое́здку / экску́рсию	einen Ausflug machen
экску́рсия *f* по го́роду	Stadtrundfahrt
круи́з *m*	Kreuzfahrt
хо́бби *n*	Hobby
коллекциони́ровать (почто́вые) ма́рки *Pl*	Briefmarken sammeln
занима́ться рукоде́лием	handarbeiten
шить	nähen
вяза́ть	stricken
вышива́ть	sticken

рисова́ть карти́ну	ein Bild malen
пейза́ж *m*	Landschaft
натюрмо́рт *m*	Stillleben
чита́ть	lesen
Я (не) люблю́ чита́ть.	Ich lese (un)gern.
детекти́в *m*	Krimi
слу́шать му́зыку	Musik hören
Я предпочита́ю слу́шать классі́ческую му́зыку.	Ich höre lieber klassische Musik.
смотре́ть телеви́зор *m*	fernsehen
игра́ть на гита́ре	Gitarre spielen

„Spielen" wird im Russischen mit zwei verschiedenen Präpositionen verwendet. Im Zusammenhang mit einem Instrument benutzt man **на**: **„Он замеча́тельно игра́ет на пиани́но."** – „Er kann ausgezeichnet Klavier spielen." Für sportliche Aktivitäten, z. B. Eishockey, aber auch Spiele wie etwa Schach setzt man die Präposition **в** ein: **игра́ть в хокке́й** bzw. **ша́хматы**.

видеоигра́ *f*	Videospiel
(видео)ка́мера *f*	Videokamera
снима́ть на ка́меру	mit der Videokamera filmen
фотоаппара́т *m*	Fotoapparat
фотографи́ровать	fotografieren
встре́титься с друзья́ми	sich mit Freunden treffen

разга́дывать кроссво́рд *m*	Kreuzworträtsel lösen
танцева́ть	tanzen
дискоте́ка *f*	Diskothek
зоопа́рк *m*	Zoo
цирк *m*	Zirkus
кино́ *n*	Kino
пивна́я *f*	Kneipe

Wenn Sie eine gemütliche Kneipe suchen, fragen Sie lieber nach einer Bar oder nach einem Café: **„Где здесь есть бар** *m* / **кафе́** *n***?"**. Eine typische **пивна́я** würde man im Deutschen eher als Spelunke bezeichnen.

Выраже́ния

Redewendungen

конце́рт *m*	Konzert
Ты ча́сто хо́дишь на конце́рты *Pl*?	Gehst du oft ins Konzert?
Куда́ мы пойдём сего́дня ве́чером?	Wohin gehen wir heute Abend?
галере́я *f*	Galerie
Как насчёт карти́нной галере́и?	Wie wäre es mit einer Gemäldegalerie?
о́пера *f*	Oper
Дава́й пойдём на о́перу?	Wollen wir in die Oper gehen?
биле́т *m* в парте́р, ло́жу	eine Karte für das Parkett, die Loge
Все биле́ты *Pl* про́даны.	Alle Eintrittskarten sind ausverkauft.
Что идёт сего́дня в теа́тре?	Was wird heute gespielt?
музе́й *m*	Museum
У вас есть экскурсово́д *m*?	Gibt es eine Führung?
Кто сейча́с выступа́ет?	Wer tritt jetzt auf?

вы́ставка *f*	Ausstellung
Где состои́тся вы́ставка?	Wo findet die Ausstellung statt?
Здесь мóжно фотографи́ровать?	Darf man hier fotografieren?
Я бы хотéл посети́ть фото-вы́ставку.	Ich würde gerne eine Fotoausstellung besuchen.
балéт *m*	Ballett
Представлéние *n* ужé началóсь.	Die Vorstellung hat schon begonnen.

Für den Besuch einer Veranstaltung wird als Präposition entweder **в** oder **на** verwendet: **Мы идём в теáтр, кинó, музéй,** aber **на дискотéку, балéт.**

Прáздники

Feste

день *m* рождéния	Geburtstag
пригласи́ть на / в ...	einladen zu / in ...
свáдьба *f*	Hochzeit
день *m* свáдьбы	Hochzeitstag
юбилéй *m*	Jubiläum
рождествó *n*	Weihnachten
подáрок *m*	Geschenk
(по)дари́ть	schenken
новогóдний вéчер *m*	Silvester(abend)
пáсха *f*	Ostern
междунарóдный жéнский день *m*	Weltfrauentag
поздрáвить с прáздником	zum Fest beglückwünschen
отпрáвить поздрави́тельную откры́тку	eine Glückwunschkarte schicken
организовáть вечери́нку	eine Party veranstalten
пригласи́ть друзéй	Freunde einladen
гость *m*	Gast

У нас го́сти.	Wir haben Besuch.
быть в гостя́х	zu Gast sein
идти́ в го́сти	jemanden besuchen gehen
хозя́ин ***m*** **– хозя́йка** ***f***	Gastgeber – Gastgeberin
гостеприи́мные хозя́ева ***Pl***	gastfreundliche Gastgeber

Wenn ein russischer Feiertag auf einen Samstag oder Sonntag fällt, verschiebt sich der arbeitsfreie Tag auf den nachfolgenden Montag. Offiziell wird der Arbeitstag vor einem Feiertag um eine Stunde gekürzt. Viele Geschäfte und Firmen bleiben z. B. von **Но́вый год** *m* Neujahr bzw. 31.12. bis zu **Рождество́ Христо́во** *n* dem orthodoxen Weihnachtsfest (07. 01.) durchgehend geschlossen.

Пожела́ния

Gute Wünsche

С Но́вым го́дом!	Ein gutes neues Jahr!
Счастли́вого рождества́!	Frohe Weihnachten!
Серде́чно поздравля́ю с днём рожде́ния!	Herzlichen Glückwunsch zum Geburtstag!
С пра́здником!	Einen schönen Feiertag!
Счастли́вого пути́!	Gute Reise!
Мно́го сча́стья и здоро́вья!	Viel Glück und Gesundheit!
(Больши́х) успе́хов!	Viel Erfolg!

Möchte man „Viel Spaß!“ sagen, so wünscht man auf Russisch jemandem, sich gut zu amüsieren oder eine gute Zeit zu verbringen: **„Жела́ю хорошо́ повесели́ться / провести́ вре́мя!“.**

1 **Ordnen Sie die Wörter den Themen „Sport“, „Strand“ und „Musik“ zu. Schreiben Sie sie auf die Linien. (Wortschatz siehe Kapitel 3, 4 und 7)**

пла́вать	футбо́льный стадио́н
чита́ть журна́л	ходи́ть в тренажёрный зал
слу́шать му́зыку	дискоте́ка
собира́ть ра́ку́шки	разга́дывать кроссво́рд
о́зеро	танцева́ть
пла́вки	лёгкая атле́тика
фотографи́ровать	конце́рт
ката́ться на велосипе́де	мо́ре
игра́ть на гита́ре	купа́льник
о́пера	солнцезащи́тное сре́дство
кроссо́вки	

спорт	**пляж**	**му́зыка**
______	______	______
______	______	______
______	______	______
______	______	______
______	______	______
______	______	______
______	______	______
______	______	______
______	______	______
______	______	______

2 Ordnen Sie den deutschen Begriffen ihre russischen Entsprechungen zu.

a. in die Disco gehen	слу́шать му́зыку
b. einen Kinofilm schauen	чита́ть рома́н
c. Musik hören	идти́ в похо́д
d. wandern	соверши́ть круи́з
e. einen Roman lesen	игра́ть в те́ннис
f. ein Geschenk machen	идти́ в зоопа́рк
g. Tennis spielen	подари́ть пода́рок
h. in den Zoo gehen	организова́ть конце́рт
i. ein Konzert veranstalten	ходи́ть на дискоте́ку
j. eine Kreuzfahrt machen	смотре́ть кино́

3 Vervollständigen Sie die Wörter mit den fehlenden Vokalen.

a. _кск_рс__

b. кр_ссв_рд

c. х_бб_

d. б_л_т

e. к_т_тьс_

f. в_з_ть

g. г_сть

h. с_з_н

i. р_жд_ств_

j. св_дьб_

k. з__п_рк

l. ф_т_гр_ф_р_в_ть

m. ш_ть

n. д_т_кт_в

o. т_нц_в_ть

8 Restaurant

Выраже́ния

Redewendungen

Я бы хоте́л *m* / хоте́ла *f* заказа́ть сто́л(ик) *m*.	Ich möchte einen Tisch reservieren.
на двои́х	für zwei Personen
на во́семь (часо́в) ве́чера	für zwanzig Uhr
Принеси́те нам, пожа́луйста, меню́ *n*.	Bringen Sie uns bitte die Speisekarte.
Что (вы) бу́дете зака́зывать?	Was möchten Sie bestellen?
Принеси́те мне, пожа́луйста, стака́н пи́ва.	Bringen Sie mir bitte ein (Glas) Bier.

Я возьму́ ...	Ich nehme ...
Что вы мне посове́туете?	Was können Sie mir empfehlen?
У вас тако́й большо́й вы́бор *m*!	Sie haben so eine große Auswahl!
Да́же и не зна́ю, что заказа́ть.	Ich weiß gar nicht, was ich bestellen soll.
Что э́то за блю́до *n*?	Welches Gericht ist das?
Что (вы) бу́дете пить?	Was möchten Sie trinken?
Прия́тного аппети́та!	Guten Appetit!
Ещё немно́го хле́ба, пожа́луйста.	Noch etwas Brot, bitte.

Я бы хоте́л попро́бовать ...	Ich würde gerne ... probieren.
Принеси́те, пожа́луйста, всего́ понемно́гу.	Bringen Sie bitte ein bisschen von allem.
Ещё (одно́) пи́во, пожа́луйста.	Noch ein Bier, bitte.
Всё о́чень вку́сно!	Alles schmeckt sehr gut!
Я спешу́. Что вы мо́жете сра́зу принести́?	Ich habe es eilig. Was kann sofort serviert werden?
Счёт *m*, пожа́луйста.	Die Rechnung, bitte.

Приём пи́щи

Mahlzeiten

(на) за́втрак *m*	(zum) Frühstück
за́втракать	frühstücken
(на) обе́д *m*	(zum) Mittagessen
обе́дать	zu Mittag essen
(на) у́жин *m*	(zum) Abendessen
у́жинать	zu Abend essen
перекуси́ть	eine Kleinigkeit essen

Das traditionelle Frühstück **ка́ша** *f* **на молоке́** Brei mit Milch oder Schwarztee mit Konfitüre wird mittlerweile immer öfter durch Morgenkaffee und Müsli ersetzt. Das Mittagessen beginnt etwas später als in Deutschland (gegen 13:00 – 14:00 Uhr) und besteht z. B. aus einer Suppe wie etwa: **борщ** *m* (Kohlsuppe mit roter Bete), **щи** *Pl* (Suppe aus Kohl oder Sauerkraut) oder **уха́** *f* (Fischsuppe). Dazu werden **ржано́й хлеб** *m* Roggenbrot oder **пирожки́** *Pl* (gefüllte Teigtaschen) gereicht. Ein beliebtes Hauptgericht sind **пельме́ни** *Pl* (mit Hackfleisch gefüllte Teigtaschen). Das Abendessen fängt ebenfalls später an (etwa um 19:00 Uhr). Zu einem festlichen Essen in Russland gibt es immer reichlich Vor- und Nachspeisen. Hier dürfen **сала́ты** *Pl* Salate, **сту́день** *m* Sülze, **соле́нья** *Pl* eingelegte Gemüse und **вы́печка** *f* Gebäck nicht fehlen.

Блю́да

Gerichte

закýска *f*	Vorspeise
пéрвое блю́до *n*	1. Gang
вторóе блю́до *n*	Hauptgericht
гарни́р *m*	Beilagen
десéрт *m*	Nachspeise
яи́чница *f*	Rührei
яи́чница-глазýнья *f*	Spiegelei
варёные соси́ски *Pl*	gekochte Würstchen
колбасá *f*	Wurst
фарширóванные я́йца *Pl*	gefüllte Eier
баклажáны *Pl* с грéцкими орéхами	Auberginen mit Walnüssen
салáт *m* из помидóров и огурцóв	Tomaten-Gurkensalat
бутербрóд *m* с крáсной икрóй	belegtes Brot mit rotem Kaviar
овощнóй суп *m*	Gemüsesuppe
Суп *m* пересóлен.	Die Suppe ist versalzen.
мяснóй бульóн *m*	Fleischbrühe
свини́на *f* жáреная	Schweinebraten
отбивнáя *f*	Kotelett
шни́цель *m*	Schnitzel
жáреный цыплёнок *m*	Brathähnchen
сóус *m* для жаркóго	Bratensoße
шашлы́к *m*	Schaschlik
соль *f*	Salz
пéрец *m*	Pfeffer
ýксус *m*	Essig
отварнóй картóфель *m*	Salzkartoffeln
жáреный картóфель *m*	Bratkartoffeln

картóфель *m* фри	Pommes Frites
рис *m*	Reis
макарóны *Pl*	Nudeln
томáтный сóус *m*	Tomatensoße
ры́ба *f*	Fisch
копчёная ры́ба *f*	geräucherter Fisch
ры́бное ассорти́ *n*	Fischplatte
блины́ *Pl* с твóрогом и со сметáной	Pfannkuchen mit Quark und saurer Sahne
с клубни́чным варéньем	mit Erdbeerkonfitüre
шоколáдное, сли́вочное морóженое *n*	Schokoladen-, Sahneeis
фруктóвый салáт *m*	Obstsalat

Von 12:00 bis 16:00 Uhr gibt es in den russischen Großstädten zahlreiche Angebote für ein günstiges Mittagsmenü **би́знес-ланч** *m*, das meistens aus drei Gängen besteht. Für Leute mit mindestens mittlerem Einkommen ist **би́знес-ланч** eine gute Alternative, besonders wenn es in der Arbeit keine Kantine **столóвая** *f* gibt.

Напи́тки

Getränke

минерáльная водá *f*	Mineralwasser
я́блочный сок *m*	Apfelsaft
клю́квенный морс *m*	Moosbeerensaft
кóка-кóла *f*	Coca-Cola
кóфе *m* с молокóм	Kaffee mit Milch
со взби́тыми сли́вками	mit Schlagsahne
без сáхара	ohne Zucker
эспрéссо *n*	Espresso
чай *m* с лимóном	Tee mit Zitrone
крéпкий чай *m*	ein starker Tee
свéтлое / тёмное пи́во *n*	helles / dunkles Bier

сухóе винó ***n***	trockener Wein
вóдка ***f***	Wodka
коньяк ***m***	Kognak
вишнёвый ликёр ***m***	Kirschlikör
коктéйль ***m***	Cocktail

Das nicht-alkoholische Nationalgetränk der Russen ist **квас** *m*, ein aus Gerste und Malz gebrautes Erfrischungsgetränk, das im Sommer auch auf der Straße verkauft wird. Bei den alkoholischen Getränken steht natürlich der Wodka unangefochten an der Spitze. Bei festlichen Essen trinkt man gerne zwischendurch immer wieder ein Gläschen. Jeder Russe, der etwas auf sich hält, serviert den Wodka eisgekühlt.

Накры́тый стол

Gedeckter Tisch

столóвая лóжка ***f***	Esslöffel
чáйная лóжка ***f***	Teelöffel
ви́лка ***f***	Gabel
нож ***m***	Messer
тарéлка ***f***	Teller
блюдце ***n***	Untertasse
ми́ска ***f***	Schüssel
стакáн ***m***	Glas
бокáл ***m*** **для винá**	Weinglas
стóпка ***f***	Schnapsglas
чáшка ***f***	Tasse
рюмка ***f*** **для яйцá**	Eierbecher
скáтерть ***f***	Tischdecke
поднóс ***m***	Tablett
салфéтка ***f***	Serviette
зубочи́стка ***f***	Zahnstocher
штóпор ***m***	Korkenzieher

1 **Streichen Sie durch, was nicht passt. (Wortschatz siehe Kapitel 4 und 8)**

a.	обе́д	за́втрак	~~десе́рт~~	у́жин	~~заку́ска~~
b.	вода́	ко́фе	шни́цель	варе́нье	сок
c.	моро́женое	карто́фель	рис	макаро́ны	шампа́нское
d.	нож	таре́лка	горчи́ца	стака́н	соль

2 **Stellen Sie mithilfe der angegebenen Wörter eine Speisekarte zusammen. (Wortschatz siehe Kapitel 4 und 8)**

фрукто́вый сала́т	жа́реная ры́ба
минера́льная вода́	отварно́й карто́фель
эспре́ссо	сала́т из помидо́ров и огурцо́в
вино́	хлеб

Меню́

Заку́ска:

____

____

Второ́е блю́до:

____

____

Десе́рт:

____

Напи́тки:

____

____

3 **Nummerieren Sie den Dialog zwischen Herrn Bergmann, seiner Frau und einer russischen Kellnerin in der richtigen Reihenfolge. (Wortschatz siehe Kapitel 4 und 8)**

____ С удовóльствием! Принеси́те нам, пожáлуйста, попóзже эспрéссо.

____ С грибáми и́ли с крáсной икрóй?

____ Дóбрый вéчер! Я бы хотéла попрóбовать фарширóванные я́йца.

____ Бéлое сухóе винó.

____ А я возьмý пельмéни, шашлы́к и салáт из помидóров.

____ Принеси́те, пожáлуйста, с икрóй.

____ Чтó-нибудь ещё?

_1_ Дóбрый вéчер! Что бýдете закáзывать?

____ Хорошó. А что вы бýдете пить?

____ Отли́чно, а ещё буты́лку минерáльной воды́ без гáза, пожáлуйста.

____ И шоколáдное moróженое.

____ Да, а блины́ у вас есть?

____ Лýчше с твóрогом и со сметáной.

____ Что вы нам посовéтуете?

____ А кóфе бýдете?

____ Конéчно, с твóрогом или с варéньем?

Hotel

Ви́ды прожива́ния
Arten von Unterkünften

четырёх-звёздочная гости́ница *f*	Vier-Sterne-Hotel
пансио́н *m*	Pension
да́ча *f*	Ferienwohnung
ке́мпинг *m*	Campingplatz
пала́тка *f*	Zelt

Выраже́ния
Redewendungen

Я бы хоте́л *m* / хоте́ла *f* заброни́ровать но́мер.	Ich möchte ein Zimmer reservieren.
аннули́ровать	stornieren
регистра́ция *f*	Rezeption
У нас всё за́нято.	Wir sind ausgebucht.
У вас есть одноме́стный но́мер *m*?	Haben Sie ein Einzelzimmer?
двухме́стный но́мер *m*	Doppelzimmer
де́тская крова́ть *f*	Kinderbett
но́мер *m* с ва́нной	Zimmer mit Bad
с ду́шем	mit Dusche
ти́хий но́мер *m*	ruhiges Zimmer
но́мер *m* для (не)куря́щих	(Nicht-)Raucherzimmer
с ви́дом на мо́ре *n*	mit Meerblick
А са́уна *f* есть?	Gibt es eine Sauna?
тренажёрный зал *m*	Fitnessraum
лифт *m*	Aufzug
сейф *m*	Safe

располо́жен в це́нтре	zentral gelegen
недалеко́ от вокза́ла	nicht weit vom Bahnhof
до́ступ *m* в Интерне́т	Internetanschluss
спу́тниковое телеви́дение *n*	Satellitenfernsehen
автостоя́нка *f*	Parkplatz
гара́ж *m*	Tiefgarage
Мо́жно (мне) посмотре́ть но́мер?	Kann ich das Zimmer sehen?
У вас есть номера́ *Pl* побо́льше?	Haben Sie etwas größere Zimmer?
Ско́лько сто́ит за ночь *f*?	Was kostet eine Nacht?
с за́втраком	mit Frühstück
с полупансио́ном	mit Halbpension
с по́лным пансио́ном	mit Vollpension
Мне ну́жен но́мер *m* на су́тки *Pl*.	Ich brauche ein Zimmer für einen Tag.
Мы ду́маем останови́ться на всю неде́лю.	Wir denken, wir bleiben eine ganze Woche.
Да́йте, пожа́луйста, ключ *m* от моего́ но́мера.	Geben Sie mir bitte den Zimmerschlüssel.
распако́вывать чемода́н *m*	einen Koffer auspacken
упако́вывать (доро́жную) су́мку	eine Reisetasche einpacken

оста́вить ве́щи *Pl* у администра́тора	die Sachen beim Empfangschef stehen lassen
отдохну́ть с доро́ги	sich von der Reise ausruhen
Где мо́жно поза́втракать?	Wo ist der Frühstücksraum?
Когда́ мы мо́жем поза́втракать?	Wann können wir frühstücken?
Я прибыва́ю по́сле восьми́ (часо́в) ве́чера.	Ich komme nach 20 Uhr an.
Мы уезжа́ем за́втра в шесть (часо́в) утра́.	Wir reisen morgen um 6 Uhr ab.
креди́тная ка́рточка *f*	Kreditkarte
нали́чные (де́ньги) *Pl*	Bargeld
Вы́зовите, пожа́луйста, такси́ *n*.	Bestellen Sie bitte ein Taxi.

Реклама́ция / Жа́лобы

Beanstandungen

Нет горя́чей воды́.	Es gibt kein Warmwasser.
Кондиционе́р *m* не рабо́тает.	Die Klimaanlage funktioniert nicht.
Но́мер *m* не у́бран.	Das Zimmer ist nicht gereinigt.
В ва́нной нет ла́мпочки.	Im Bad fehlt eine Glühbirne.
Окно́ *n* пло́хо закрыва́ется.	Das Fenster schließt nicht richtig.
Там нет полоте́нец.	Es sind keine Handtücher da.

Wollen Sie einen ganzen Satz verneinen, steht die Partikel **не** unmittelbar vor dem Prädikat: **„Мы всё ещё не получи́ли отве́та на жа́лобу."** – „Wir haben immer noch keine Antwort auf die Reklamation bekommen.". Dass Personen oder Sachen nicht vorhanden sind, drücken Sie durch die Negation **нет** mit Genitiv aus: **„В гости́нице нет са́уны."** – „Im Hotel gibt es keine Sauna.".

Туале́т *m* гря́зный.	Die Toilette ist nicht sauber.
Умыва́льник *m* засорён.	Das Waschbecken ist verstopft.

9

Гости́ница

1 **Finden Sie die Wortgrenzen und schreiben Sie die entstehenden Sätze auf. Achten Sie dabei auf Großschreibung und Satzzeichen.**

a. ябыхоте́лзаброни́роватьно́мерксожале́ниюунасвсёза́нято

b. кондиционе́рнерабо́таеттуале́тгря́зныйумыва́льникзасорён

c. мыуезжа́емза́втравшестьутра́когда́мымо́жемпоза́втракать

2 **Formulieren Sie die folgenden Fragen auf Russisch. Schreiben Sie sie auf.**

a. Sie würden gerne ein Doppelzimmer reservieren.

b. Fragen Sie, ob es ein Raucherzimmer gibt.

___

c. Sie möchten wissen, wie viel ein Einzelzimmer pro Nacht kostet.

___

d. Wie fragen Sie, wenn Sie das Zimmer anschauen möchten?

___

e. Erkundigen Sie sich, ob es ein ruhiges Zimmer mit Meerblick ist.

___

3 **Ergänzen Sie die Endungen, wo es notwendig ist. Achten Sie dabei auf Genus und Kasus der Substantive.**

a. но́мер с ду́ш____

b. до́ступ в Интерне́т____

c. но́мер с за́втрак____

d. но́мер с ва́нн____

e. с ви́д____ на мо́р____

f. для куря́щ____

Reise und Verkehr

Тра́нспортные сре́дства
Verkehrsmittel

автомоби́ль ***m*** **/ (авто)маши́на** ***f***	Auto
Я е́ду на рабо́ту на маши́не.	Ich fahre mit dem Auto zur Arbeit.
велосипе́д ***m***	Fahrrad
мотоци́кл ***m***	Motorrad
Де́ти е́дут в шко́лу на велосипе́де.	Die Kinder fahren mit dem Fahrrad zur Schule.
на авто́бусе	mit dem Bus
на метро́	mit der U-Bahn
на трамва́е	mit der Straßenbahn
на тролле́йбусе	mit dem Trolleybus (städtischer Elektrobus)

Ein verbreitetes und praktisches Verkehrsmittel ist **маршру́тное такси́** *n*. Das sind Kleinbusse im Linienverkehr (erkennbar am Schild mit Liniennummer und evtl. Preis in der Windschutzscheibe), die man von jedem beliebigen Platz am Straßenrand aus anhalten kann. Statt der offiziellen verwendet man meist die kürzere Bezeichnung **маршру́тка** *f*.

е́хать на по́езде	mit dem Zug fahren
плыть на корабле́	mit dem Schiff fahren
лете́ть на самолёте	mit dem Flugzeug fliegen
идти́ пешко́м	zu Fuß gehen

Путеше́ствовать на по́езде

Mit dem Zug reisen

вокза́л *m*	Bahnhof
перро́н *m*	Bahnsteig
(биле́тная) ка́сса *f*	Fahrkartenschalter
Отку́да отправля́ется по́езд *m*?	Wo fährt der Zug ab?
Он отправля́ется со второ́го пути́.	Er fährt von Gleis 2 ab.
Во ско́лько (часо́в) отправля́ется по́езд *m*?	Um wie viel Uhr fährt der Zug ab?
Во ско́лько (часо́в) прибыва́ет по́езд *m*?	Um wie viel Uhr kommt der Zug an?
По́езд *m* опа́здывает.	Der Zug hat Verspätung.
поéздка *f* туда́ и обра́тно	Hin- und Rückfahrt
пересе́сть	umsteigen
Где мне ну́жно пересе́сть?	Wo muss ich umsteigen?
сидя́чее ме́сто *n*	Sitzplatz
ме́сто *n* у окна́	Fensterplatz
ме́сто *n* у вхо́да	Platz am Gang
ка́мера *f* хране́ния	Gepäckaufbewahrung
носи́льщик *m*	Gepäckträger
ваго́н-рестора́н *m*	Speisewagen

In russischen Zügen unterscheidet man zwischen vier Klassen: Im **купе́йный ваго́н** *m* (Schlafwagen) gibt es **двух-ме́стное купе́** *n* (Zweibett-Abteil) und **купе́** *n* (Abteil mit vier Schlafmöglichkeiten). Wesentlich kostengünstiger reist man im **плацка́ртный ваго́н** *m* (Platzkarten-Wagon mit 54 Liegeplätzen). Noch günstiger, aber auch unbequem werden lange Fahrten im Gemeinschaftswagen mit 81 Sitzplätzen **о́бщий ваго́н** *m*.

тури́ст *m* – тури́стка *f*	Tourist – Touristin
Вы ме́стный?	Sind Sie von hier?
Соверше́нно ве́рно.	Ganz genau!
проводни́к *m* – проводни́ца *f*	Schaffner – Schaffnerin

Путеше́ствовать на самолёте
Mit dem Flugzeug reisen

аэропо́рт *m*	Flughafen
вы́лет *m*	Abflug
прибы́тие *n*	Ankunft
прямо́й рейс *m*	Direktflug
ча́ртерный рейс *m*	Charterflug
промежу́точная поса́дка *f*	Zwischenlandung
полёт *m* по расписа́нию	Linienflug
брони́ровать биле́т *m*	einen Flug buchen
аннули́ровать биле́т *m*	einen Flug stornieren
пройти́ регистра́цию	einchecken
ручна́я кладь *f*	Handgepäck
контро́ль *m* безопа́сности	Sicherheitskontrolle
загрони́чный па́спорт *m* / загра́нпаспорт *m*	Reisepass
удостовере́ние *n* ли́чности / па́спорт *m*	Personalausweis
Ваш па́спорт *m*, пожа́луйста.	Ihren Pass, bitte.
поса́дочный тало́н *m*	Bordkarte
(тамо́женная) по́шлина *f*	Zoll

У вас е́сть ве́щи *Pl*, облага́емые по́шлиной?	Haben Sie etwas zu verzollen?
реме́нь *m* безопа́сности	Sicherheitsgurt
кислоро́дная ма́ска *f*	Sauerstoffmaske
спаса́тельный жиле́т *m*	Schwimmweste
нелётная пого́да *f*	kein Flugwetter

Путеше́ствовать на маши́не

Mit dem Auto reisen

тра́сса *f*	Landstraße
скоростна́я тра́сса *f*	Schnellstraße
у́лица *f* с односторо́нним движе́нием	Einbahnstraße
тупи́к *m*	Sackgasse
кругово́е движе́ние *n*	Kreisverkehr
объе́зд *m*	Umleitung
объездна́я доро́га *f*	Umgehungsstraße
въе́зд *m*	Auffahrt
автостра́да *f*	Autobahn
Како́го вы́езда мне ну́жно держа́ться?	Welche Ausfahrt muss ich nehmen?

До сле́дующей заку́сочной пять киломе́тров.	Die nächste Raststätte ist in 5 km.
(авто)стоя́нка *f*	Parkplatz
свобо́дное ме́сто *n* на (авто)стоя́нке	Parklücke
поверну́ть нале́во, напра́во	nach links , rechts abbiegen
на ле́вой, пра́вой стороне́	auf der linken, rechten Seite
е́хать пря́мо	geradeaus fahren
светофо́р *m*	Ampel
на светофо́ре	an der Ampel
перекрёсток *m*	Kreuzung
доро́жный знак *m*	Verkehrsschild
води́тельское удостовере́ние *n*	Führerschein
техпа́спорт *m*	Fahrzeugpapiere
обогна́ть	überholen
сли́шком бы́стро е́хать	zu schnell fahren
про́бка *f* / зато́р *m* (на доро́ге)	Stau
штраф *m*	Geldbuße
милиционе́р *m*	Polizist
У меня́ спу́щено колесо́ *n*.	Ich habe einen Platten.
непола́дка *f*	Panne
Как мне лу́чше прое́хать на у́лицу „Моско́вская“?	Wie komme ich am besten zur Moskowskaja-Straße?
Где здесь нахо́дится запра́вка?	Wo befindet sich hier eine Tankstelle?
недалеко́	in der Nähe
бли́зко	nah

На автозапра́вочной ста́нции / запра́вке

An der Tankstelle

Запра́вьте по́лный бак *m*, пожа́луйста.	Volltanken, bitte.
бензи́н *m*	Benzin
два́дцать ли́тров девяно́сто восьмо́го бензи́на, пожа́луйста.	20 Liter Super, bitte.

Die Benzinsorten in Russland bezeichnet man durch die Oktanzahl: 98 enspricht Super-, 95 Normalbenzin. Die schlechteste verfügbare Qualität 80 ist für neuere Autos ungeeignet. Natürlich gibt es auch **ди́зельное то́пливо** *n* Diesel. An manchen Tankstellen muss man zuerst an der Kasse die Sorte, die Nummer der Tanksäule und den Betrag angeben, für den man tanken möchte. Zum Vergleich: **(девяно́сто) пя́тый (бензи́н), втора́я (коло́нка) на восемьсо́т (рубле́й)** – das 95er-Benzin, die 2. Säule für 800 Rubel.

мото́рное ма́сло *n*	Motoröl
прове́рить у́ровень *m* ма́сла	Ölstand kontrollieren
замени́ть ма́сло *n*	Öl wechseln
Не могли́ бы вы прове́рить давле́ние *n* в ши́не?	Könnten Sie bitte den Reifendruck prüfen?
поменя́ть колесо́ *n*	Reifen wechseln
Нехаракте́рный звук *m* при рабо́те дви́гателя.	Der Motor macht ein seltsames Geräusch.
то́рмоз *m*	Bremse

ручно́й то́рмоз *m*	Handbremse
переключе́ние *n* переда́ч	Gangschaltung
сцепле́ние *n*	Kupplung
стеклоочисти́тель	Scheibenwischer
Мне нужна́ свеча́ *f* зажига́ния.	Ich brauche eine Zündkerze.
фа́ра	Scheinwerfer
ла́мпа нака́ливания для за́дней фа́ры	Glühbirne für das Rücklicht
да́льний свет	Fernlicht
Аккумуля́тор разряжён.	Die Batterie ist leer.

Обще́ственный тра́нспорт
Öffentlicher Nahverkehr

Авто́бусы *Pl* хо́дят ка́ждые два́дцать мину́т.	Die Busse verkehren alle zehn Minuten.
води́тель *m* авто́буса	Busfahrer
проездно́й (биле́т) *m*	Fahrschein
Биле́т *m* мо́жно купи́ть в авто́бусе.	Man kann den Fahrschein im Bus kaufen.
в (биле́тном) кио́ске / (биле́тной) ка́ссе	am Fahrkartenschalter

ли́ния *f* метро́ / ве́тка *f* метро́	eine U-Bahnlinie
пройти́ че́рез турнике́т *m*	durch das Drehkreuz gehen
перейти́ на другу́ю ли́нию	eine andere Linie nehmen
подня́ться, спусти́ться по эскала́тору	mit der Rolltreppe hochfahren, hinunterfahren
До вокза́ла мо́жно добра́ться на э́том метро́?	Fährt diese U-Bahn zum Hauptbahnhof?
Вы не подска́жете, как (нам) дойти́ до це́нтра?	Können Sie mir bitte sagen, wie man zum Zentrum kommt?
Сверни́те напра́во.	Biegen Sie rechts ab.
Иди́те по э́той у́лице.	Gehen Sie diese Straße entlang.
Како́й трамва́й е́дет на вокза́л?	Welche Straßenbahn fährt zum Bahnhof?
Тролле́йбус идёт до метро́.	Der Trolleybus fährt zur U-Bahn.
остано́вка *f*	Haltestelle
Там вы уви́дите авто́бусную остано́вку.	Dort sehen Sie eine Bushaltestelle.
На како́й остано́вке мне ну́жно пересе́сть?	An welcher Haltestelle muss ich umsteigen?
сади́ться в авто́бус	in den Bus einsteigen
выходи́ть из авто́буса	aus dem Bus aussteigen

Um mit der Metro zu fahren muss man eine Fahrkarte **биле́т** *m* bzw. einen Chip **жето́н** *m* kaufen. Damit kommt man durch ein Drehkreuz **турнике́т** *m* zu den Zügen, hier gilt ein Einheitspreis. Im Bus, Trolleybus oder in der Straßenbahn wird die Fahrt von Stadt zu Stadt unterschiedlich bezahlt, entweder beim **контролёр** *m* Kontrolleur, beim **води́тель** *m* Fahrer oder man kauft ein Ticket am **ка́сса** *f* Schalter und entwertet es am Automaten im Bus.

1 **Ergänzen Sie die folgenden Fragen mit dem passenden Fragewort.**

Где? Отку́да? Как? Во ско́лько?

a. ____________ отправля́ется по́езд?

b. ____________ прибыва́ет по́езд?

c. ____________ мне лу́чше прое́хать на у́лицу „Моско́вская“?

d. ____________ мне ну́жно пересе́сть?

e. ____________ дойти́ до це́нтра?

f. ____________ нахо́дится запра́вка?

2 **Was gehört zusammen? Ordnen Sie zu. Achten Sie dabei darauf, dass der Kasus des Substantivs zum Verb passt.**

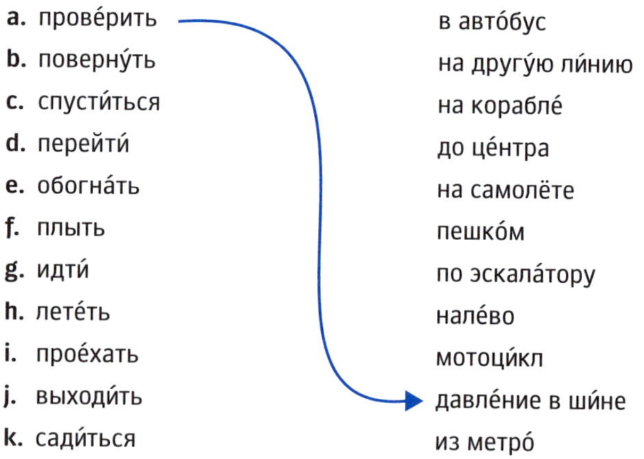

a. прове́рить	в авто́бус
b. поверну́ть	на другу́ю ли́нию
c. спусти́ться	на корабле́
d. перейти́	до це́нтра
e. обогна́ть	на самолёте
f. плыть	пешко́м
g. идти́	по эскала́тору
h. лете́ть	нале́во
i. прое́хать	мотоци́кл
j. выходи́ть	давле́ние в ши́не
k. сади́ться	из метро́

3 Vervollständigen Sie die Sätze mithilfe der folgenden Wörter.

сверни́те	напра́во	не подска́жете
недалеко́	уви́дите	Большо́е
ве́рно	Извини́те	

a. Тури́стка: ________________, пожа́луйста, вы ме́стный?

b. Ме́стный: Да, ме́стный.

c. Тури́стка: Вы ________________, как мне дойти́ до по́чты?

d. Ме́стный: До по́чты? Она́ нахо́дится здесь ________________. Иди́те пря́мо по э́той у́лице. На светофо́ре ________________ нале́во.

e. Тури́стка: На светофо́ре нале́во?

f. Ме́стный: Да, нале́во. Там вы ________________ кинотеа́тр и рестора́н. А на пра́вой стороне́ и нахо́дится по́чта.

g. Тури́стка: Рестора́н, кинотеа́тр и там ________________ по́чта.

h. Ме́стный: Соверше́нно ________________.

i. Тури́стка: ________________ спаси́бо.

j. Ме́стный: Не́ за что!

Gesundheit

Ча́сти те́ла и о́рганы

Körperteile und Organe

голова́ ***f***	Kopf
лицо́ ***n***	Gesicht
глаз ***m***	Auge
бровь ***f***	Augenbraue
ресни́ца ***f***	Wimper
у́хо ***n***	Ohr
нос ***m***	Nase
щека́ ***f***	Backe, Wange
рот ***m***	Mund
губа́ ***f***	Lippe
язы́к ***m***	Zunge
зуб ***m***	Zahn
ше́я ***f***	Hals
кисть ***f*** **(руки́)**	Hand
рука́ ***f***	Arm
па́лец ***m*** **(на руке́)**	Finger
нога́ ***f***	Bein
па́лец ***m*** **(на ноге́)**	Zeh
стопа́ ***f*** **ноги́**	Fuß
коле́но ***n***	Knie
заты́лок ***m***	Nacken
спина́ ***f***	Rücken
плечо́ ***n***	Schulter
грудь ***f***	Brust
се́рдце ***n***	Herz
желу́док ***m***	Magen

по́чка *f* Niere
пе́чень *f* Leber
лёгкое *n* Lunge

Выраже́ния
Redewendungen

Как у тебя́ дела́? / Как пожива́ешь? Wie geht es dir?
Спаси́бо, хорошо́. Danke, mir geht es gut.
А как у вас дела́? Und wie geht es Ihnen?
У него́, наве́рно, грипп *m*. Er hat wahrscheinlich Grippe.
У меня́ температу́ра *f*. Ich habe Fieber.
У меня́ кру́жится голова́. Mir ist schwindlig.
Меня́ тошни́т. Mir ist übel.
Меня́ сла́бит. Ich habe Durchfall.
Как ты себя́ чу́вствуешь / вы себя́ чу́вствуете? Wie fühlst du dich / fühlen Sie sich?
Я чу́вствую себя́ о́чень пло́хо. Ich fühle mich sehr schlecht.
Сего́дня полу́чше. Heute geht es mir besser.
Мне ну́жно к врачу́. Ich muss zum Arzt gehen.

Ein Arzt wird als **до́ктор** *m* Herr / Frau Doktor angesprochen, **врач** *m* Arzt / Ärztin benutzt man für offizielle Berufsbezeichnungen, z. B. **врач-специали́ст** *m* Facharzt. Ohne eine russische Krankenversicherung **медици́нская страхо́вка** *f* müssen Sie die Behandlung sowohl in **поликли́ники** *Pl* gesetzlichen Polikliniken als auch **ча́стные кли́ники** *Pl* Privatpraxen zunächst selbst bezahlen. Dabei bekommt man in Privatpraxen eher auch kurzfristig einen Termin mit tendenziell kürzerer Wartezeit.

У меня́ головны́е бо́ли.	Ich habe Kopfschmerzen.
У меня́ боля́т но́ги.	Mir tun die Füße weh.
У неё боли́т го́рло.	Sie hat Halsschmerzen.
воспале́ние *n* лёгких	Lungenentzündung
Не бу́ду меша́ть.	Ich möchte nicht stören.
Поправля́йся!	Gute Besserung!
Я то́же просту́жен *m* / просту́жена *f*.	Ich bin auch erkältet.
У меня́ ка́шель *m*.	Ich habe Husten.
Мне нужна́ миксту́ра *f* от ка́шля.	Ich brauche Hustensaft.
на́сморк *m*	Schnupfen
аллерги́я *f*	Allergie
сло́манная нога́ *f*	ein gebrochenes Bein
вы́вихнутая рука́ *f*	ein verstauchter Arm
Вам ну́жно сде́лать рентге́н *m*.	Sie müssen geröntgt werden.
поре́з *m*	eine Schnittwunde
зано́за *f*	ein Splitter
высо́кое, ни́зкое давле́ние *n*	hoher, niedriger Blutdruck
изме́рить давле́ние *n*	Blutdruck messen
прове́рить пульс *m*	den Puls fühlen
у зубно́го врача́ / стомато́лога	beim Zahnarzt
У него́ зубна́я боль *f*.	Er hat Zahnschmerzen.
За́втра он запи́сан к стомато́логу.	Morgen hat er einen Zahnarzttermin.
сде́лать уко́л *m*	eine Spritze geben
удали́ть зуб *m*	einen Zahn ziehen
Зуб *m* слома́лся.	Der Zahn ist abgebrochen.
У меня́ воспали́лась десна́ *f*.	Mein Zahnfleisch ist entzündet.
Пло́мба *f* вы́пала.	Die Füllung ist herausgefallen.

Его́ привезли́ в больни́цу.	Er wurde ins Krankenhaus gebracht.
Мы ведём здоро́вый о́браз жи́зни.	Wir leben sehr gesund.
Мы регуля́рно занима́емся спо́ртом.	Wir treiben regelmäßig Sport.
Мы еди́м мно́го фру́ктов.	Wir essen viel Obst.
Мы вегетариа́нцы *Pl*.	Wir sind Vegetarier.
Оди́н раз в год мы на дие́те.	Wir machen einmal im Jahr eine Diät.

1 Finden Sie 15 Körperteile (waagerecht).

ш	е	я	р	о	т	а	с	п	и	н	а	п	у
г	р	у	д	ь	у	х	о	ч	з	е	о	л	с
л	и	ц	о	г	л	а	з	а	ы	н	о	г	а
ё	л	о	б	р	о	в	ь	ч	к	о	е	ч	и
в	о	л	о	с	в	е	к	о	л	е	н	о	н
у	з	у	б	з	и	ш	о	г	о	л	о	в	а
я	з	ы	к	у	щ	е	к	я	б	о	г	ф	ю
ы	б	о	д	б	е	я	о	г	у	б	а	ж	э
н	о	с	а	п	о	д	б	о	р	о	д	о	к

2 Nummerieren Sie den Dialog in der richtigen Reihenfolge.

____ Нет, у меня́, наве́рно, высо́кое давле́ние. Кру́жится и о́чень боли́т голова́. Сего́дня днём я иду́ к врачу́. А что у тебя́ но́вого?

____ Спаси́бо, всего́ хоро́шего!

____ Как пожива́ешь?

____ Приве́т Са́ша!

____ Нет, за́втра у́тром я запи́сан к стомато́логу. Хорошо́, Алёна. Не бу́ду меша́ть. Поправля́йся!

____ К сожале́нию, пло́хо. У меня́ температу́ра и головны́е бо́ли.

____ А го́рло? Го́рло то́же боли́т?

____ Мне то́же ну́жно к врачу́.

__1__ Приве́т Алёна!

____ Когда́, сего́дня?

3 **Ordnen Sie die Redewendungen den passenden Kategorien zu. (Wortschatz siehe Kapitel 1, 2, 6, 10 und 11)**

Согла́сен!	Добро́ пожа́ловать!	Я ду́маю, что ...
Больши́х успе́хов!	Поправля́йся!	Мне пора́!
Пока́!	Как пожива́ешь?	Споко́йной но́чи!
Как вы себя́ чу́вствуете?		Здра́вствуйте!
Что но́вого?	Соверше́нно ве́рно.	Приве́т!
До за́втра!	До встре́чи!	Счастли́вого пути́!
Договори́лись!	До свида́ния!	Как дела́?
По моему́ мне́нию, ...		Всего́ хоро́шего!

Begrüßung:

Einschätzung:

Wunsch:

Erkundigung:

Einverständnis:

Verabschiedung:

12

Natur und Umwelt

Расте́ния

Pflanzen

цвето́к *m*	Blume
сажа́ть цветы́ *Pl*	Blumen einpflanzen
подсо́лнухи *Pl*	Sonnenblumen
де́рево *n*	Baum
дуб *m*	Eiche
кашта́н *m*	Kastanie
сосна́ *f*	Kiefer
берёза *f*	Birke
лист *m*	Blatt
куст *m*	Busch
и́згородь *f*	Hecke
трава́ *f*	Gras
сорня́к *m*	Unkraut

Живо́тные

Tiere

дома́шнее живо́тное *n*	Haustier
соба́ка *f*	Hund
ко́шка *f*	Katze
коро́ва *f*	Kuh
свинья́ *f*	Schwein
ло́шадь *f*	Pferd
бара́н *m*	Schaf
коза́ *f*	Ziege
за́яц *m*	Hase
кро́лик *m*	Kaninchen

пти́ца *f*	Vogel
ку́рица *f*	Huhn
пету́х *m*	Hahn
гусь *m*	Gans
у́тка *f*	Ente
мышь *f*	Maus
кры́са *f*	Ratte
бе́лка *f*	Eichhörnchen
лиса́ *f*	Fuchs
оле́нь *m*	Hirsch
лев *m*	Löwe
тигр *m*	Tiger
медве́дь *m*	Bär
обезья́на *f*	Affe
змея́ *f*	Schlange
ули́тка *f*	Schnecke
черепа́ха *f*	Schildkröte
бо́жья коро́вка *f*	Marienkäfer
пчела́ *f*	Biene
оса́ *f*	Wespe
му́ха *f*	Fliege
кома́р *m*	Mücke
пау́к *m*	Spinne

Verkleinerungsformen sind im Russischen sehr verbreitet. Gerne werden sie bei Vornamen verwendet, wie etwa **Ви́ктор – Ви́тя / Ви́тенька, Татья́на – Та́ня / Таню́ша,** aber auch zur Bezeichnung kleiner oder junger Tiere oder Pflanzen: **куст – ку́стик, трава́ – тра́вка, соба́ка – соба́чка, за́яц – за́йчик.**

Хара́ктер ме́стности
Landschaftsformen

приро́да *f*	Natur
запове́дник *m*	Naturschutzgebiet
холм *m*	Hügel
гора́ *f*	Berg
склон *m*	Hang
скала́ *f*	Felsen
доли́на *f*	Tal
по́ле *n*	Feld
парк *m*	Park
река́ *f*	Fluss
руче́й *m*	Bach
(морско́й) бе́рег *m*	Küste
пусты́ня *f*	Wüste
вулка́н *m*	Vulkan

Кли́мат и охра́на окружа́ющей среды́
Klima und Umweltschutz

со́лнце *n*	Sonne
Со́лнце *n* све́тит.	Die Sonne scheint.
со́лнечная эне́ргия *f*	Sonnenenergie
ду́шно	schwül
Не́чем дыша́ть.	Man kann kaum atmen.
дождь *m*	Regen
проливно́й дождь *m*	strömender Regen
дождли́вая пого́да *f*	regnerisches Wetter
прогно́з *m* пого́ды	Wettervorhersage
град *m*	Hagel
снег *m*	Schnee

Um Niederschlag wie etwa Regen, Hagel oder Schnee auf Russisch auszudrücken, benutzt man das Verb **идти́** gehen mit dem entsprechenden Substantiv: **„Идёт снег, град, дождь."** – „Es schneit, hagelt, regnet."

тума́н *m*	Nebel
о́блако *n* / ту́ча *f*	Wolke / Regenwolke
Не́бо *n* покры́то ту́чами.	Der Himmel ist bedeckt.
Ско́лько сего́дня гра́дусов?	Wie viel Grad haben wir heute?
пять гра́дусов тепла́, хо́лода	5 Grad Plus, Minus
Хо́лодно, тепло́, жа́рко.	Es ist kalt, warm, heiß.
ужа́сная жара́ *f*	schreckliche Hitze
Моро́з.	Es friert.
жу́ткий моро́з *m*	grausame Kälte
Бу́дет прохла́дно.	Es wird kühl.
ве́тер *m*	Wind
ве́тренно	windig
орка́н *m*	Orkan
гроза́ *f*	Gewitter
мо́лния *f*	Blitz
Сверка́ет мо́лния.	Es blitzt.
гром *m*	Donner
Греми́т гром *m*.	Es donnert.
землетрясе́ние *n*	Erdbeben
су́хость *f*	Trockenheit
па́водок *m*	Hochwasser
наводне́ние *n*	Überschwemmung
водохрани́лище *n*	Stausee
переме́на *f* кли́мата	Klimawandel
озо́новый слой *m*	Ozonschicht
озо́новая дыра́ *f*	Ozonloch
загрязне́ние *n* во́здуха	Luftverschmutzung
ядови́тые отхо́ды *Pl*	Giftmüll
а́томная электроста́нция *f*	Atomkraftwerk

1 **Streichen Sie durch, was nicht passt.**

a. дуб	кашта́н	берёза	~~кро́лик~~
b. гора́	свинья́	соба́ка	кры́са
c. снег	пусты́ня	ве́тер	град
d. и́згородь	пау́к	кома́р	пчела́

2 **Ergänzen Sie die fehlenden Wörter.**
(Wortschatz siehe Kapitel 1, 4, 7 und 12)

a. весна́, ле́то, ____________________, зи́ма

b. пе́рвый, второ́й, ____________________, четвёртый, пя́тый

c. хо́лодно, прохла́дно, жа́рко, ____________________

d. о́зеро, мо́ре, руче́й, ____________________

e. янва́рь, февра́ль, март, апре́ль, май, ____________________, ию́ль, а́вгуст, сентя́брь, октя́брь, ноя́брь, дека́брь

f. це́рковь, монасты́рь, ____________________

g. оди́н, два, три, ____________________, пять

h. дуб, кашта́н, сосна́, ____________________

i. понеде́льник, вто́рник, среда́, четве́рг, пя́тница, суббо́та, ____________________

j. суперма́ркет, кио́ск, ____________________

k. у́тром, днём, ____________________, но́чью

3 Übersetzen Sie die russischen Sätze ins Deutsche.

a. Прогно́з пого́ды.

____

b. Сего́дня хо́лодно, пять гра́дусов.

____

c. Идёт дождь.

____

d. Не́бо покры́то ту́чами.

____

e. Сверка́ет мо́лния и греми́т гром.

____

f. Но́чью бу́дет моро́з.

____

4 Finden Sie 10 Wetterbegriffe (waagerecht und senkrecht).

ш	е	я	р	с	т	а	с	п	и	н	х	п	т
г	р	у	д	о	ж	д	ь	ч	з	е	о	л	у
м	и	ц	о	л	л	а	з	а	ы	н	л	г	м
о	л	о	б	н	о	в	ь	ч	к	о	о	ч	а
л	о	л	о	ц	в	е	г	р	о	м	д	о	н
н	з	у	в	е	т	е	р	г	о	л	н	в	а
и	з	ы	к	у	щ	е	о	я	б	о	о	ф	ю
я	б	о	м	о	р	о	з	г	у	с	н	е	г
н	о	с	а	п	о	д	а	о	р	о	д	о	к

Lösungen zu den Tests

1 Семья́ и социа́льная жизнь
Familie und soziales Leben

1

		3 с			6 н				
		е		5 п	е	7 б			
		с		р	в	р			10 м
		т	4 б	и	е	а			а
1 з	2 д	р	а	в	с	т	8 в	9 у	й
о	р	а	б	е	т		ы	с	
в	у		у	т	а			ы	
у	г		ш						
т			к						
			а						

2

a. Меня́ зову́т Алекса́ндр.
b. Я живу́ в Москве́.
c. По профе́ссии я инжене́р.
d. Я люблю́ теа́тр и кино́.

3

а́вгуст, апре́ль, дека́брь, ию́ль, ию́нь, май, март, ноя́брь, октя́брь, сентя́брь, февра́ль, янва́рь

4

a. ма́ленький
b. некраси́вый
c. живо́й
d. ста́рый
e. ску́чный
f. то́лстый

2 Жильё

Wohnen

1

гости́ная: телеви́зор, ковёр, кре́сло-кача́лка

спа́льня: ту́мбочка, одея́ло, крова́ть

кабине́т: пи́сьменный стол, компью́тер, телефо́н

ку́хня: холоди́льник, ча́йник, мо́йка

ва́нная: полоте́нце, умыва́льник, стира́льная маши́на

2

a. в **b.** на **c.** В, у **d.** На
e. Над **f.** Между **g.** На **h.** в
i. По, на

3

a. Marina wohnt im Zentrum.
b. Sie hat eine Wohnung im 1. Stock gemietet.
c. Im Wohnzimmer steht ein Tisch, am Tisch stehen Stühle.
d. An der Wand hängt ein schönes Bild.
e. Über der Couch ist ein Regal.
f. Zwischen der Couch und dem Tisch steht ein großer Schrank.
g. Auf dem Boden liegt ein neuer Teppich.
h. Im Schlafzimmer sind ein Bett und ein Nachttisch.
i. Sonntags liest Marina gerne auf dem Balkon eine Zeitung.

4

в сад**у́**, на ку́хн**е**, под стол**о́м**, на этаж**е́**, на пол**у́**, для бель**я́**, на окра́ин**е**, ме́жду кабине́т**ом**, в ко́мнат**е**, в це́нтр**е**, на балко́н**е**, в кварти́р**е**, ме́жду ку́хн**ей**, на стен**е́**, над дива́н**ом**, у стол**а́**, для оде́жд**ы**, с ли́фт**ом**

3 Оде́жда

Kleidung

1

й	ш	о	г	о	л	ь	ф	ы
к	у	п	а	л	ь	н	и	к
у	б	л	л	м	а	й	к	а
р	а	а	с	а	п	о	г	и
т	д	т	т	у	ф	л	и	р
к	о	ь	у	б	р	ю	к	и
а	м	е	к	ы	п	о	я	с

2

кори́чнев**ая** ку́ртка, жёлт**ая** ю́бка, чёрн**ое** пальто́, бе́л**ая** блу́зка, зелён**ый** плащ, си́н**ий** пиджа́к, се́р**ые** носки́, кра́сн**ые** та́почки, голуб**ы́е** джи́нсы, широ́к**ий** шарф, коро́тк**ая** руба́шка, дли́нн**ая** шу́ба, у́зк**ие** сапоги́, больш**а́я** ша́пка, ма́леньк**ие** перча́тки

3

männlich	*weiblich*	*neutral*	*Plural*
плащ	блу́зка	украше́ние	джи́нсы
шарф	пижа́ма	ожере́лье	часы́
пуло́вер	ю́бка	пла́тье	брю́ки

4

a. костю́м **b.** руба́шка **c.** га́лстук **d.** ку́ртка
e. сапоги́ **f.** ша́пка **g.** пальто́

4 Поку́пки

Einkaufen

1

11, 3, 5, 9, 6, 8, 1, 10, 2, 4, 12, 7

2

хле́бный магази́н: хлеб, бу́лочка

мясна́я ла́вка: фарш, бара́нина, свини́на, соси́ски

ры́бный магази́н: икра́, морепроду́кты, сельдь

алкого́льные напи́тки: шампа́нское, пи́во, во́дка

апте́ка: мазь, повя́зка, лека́рство

о́вощи и фру́кты: свёкла, лук, гру́ша, огуре́ц, клубни́ка, чесно́к

3

a. Суперма́ркет действи́тельно рабо́тает до восьми́ часо́в ве́чера?
b. Где стоя́т теле́жки?
c. У вас есть сего́дня ски́дка на морепроду́кты?
d. Где мо́жно купи́ть травяно́й чай?
e. Ско́лько с меня́?

5 Образова́ние и профе́ссия

Bildung und Beruf

1

a. покупа́телей **b.** статью́ **c.** напи́тки

d. о семье́ **e.** в универма́ге **f.** хлеб

g. аттеста́т **h.** на экза́мене **i.** в университе́те

j. в мясно́й ла́вке

2

универма́г	**врач**	**шко́ла**
продаве́ц	стомато́лог	учени́ца
покупа́ть	больни́ца	отме́тки
магази́н	санита́р	экза́мен
		свиде́тельство
		учи́тель

3

журнали́**ст**, мяс**ни́к**, официа́нт**ка**, санита́р**ка**, прода**ве́ц**, парикма́х**ер**, садо́в**ник**, автомеха́н**ик**, архите́кт**ор**, актр**и́са**, учи́тель**ница**

4

1. b., 2. d., 3. e., 4. a., 5. c.

6 Коммуникáция

Kommunikation

1

a. плюс
b. удаля́ть
c. отклони́ть предложéние
d. нет проблéм
e. ти́ше
f. выключáть
g. телеви́зор
h. электрóнная пóчта

2

в	в	о	д	и	т	ь				
п	о	г	о	в	о	р	и	т	ь	
п	о	п	р	о	с	и	т	ь		
п	е	р	е	з	в	о	н	и	т	ь
о	с	т	а	в	и	т	ь			
о	т	к	л	о	н	и	т	ь		
п	о	в	т	о	р	и	т	ь		

в	к	л	ю	ч	а	т	ь					
д	у	м	а	т	ь							
а	к	ц	е	п	т	и	р	о	в	а	т	ь
с	к	а	ч	а	т	ь						
н	а	ж	и	м	а	т	ь					
в	ы	к	л	ю	ч	а	т	ь				
р	а	б	о	т	а	т	ь					

3

○ Алло́!
△ Здра́вствуй! А кто у телефо́на?
○ Здра́вствуйте! Э́то Ка́тя.
△ Ка́тя, э́то И́нна Серге́евна. Мо́жно мне поговори́ть с твое́й ма́мой? Она́ до́ма?
○ К сожале́нию, она́ всё ещё на рабо́те.
△ А когда́ она́ вернётся?
○ Я ду́маю, че́рез час.
△ Переда́й, пожа́луйста, пусть она́ мне перезвони́т.
○ Хорошо́.
△ Мой но́мер телефо́на: сто со́рок – две́сти трина́дцать – пятьсо́т шестьдеся́т во́семь.
○ Мину́точку. Говори́те, пожа́луйста, поме́дленнее.
△ Извини́. Э́то но́мер моби́льника: сто со́рок – две́сти трина́дцать – пятьсо́т шестьдеся́т во́семь.
○ Повтори́те, пожа́луйста.
△ Да, коне́чно. Повторя́ю: сто со́рок – две́сти трина́дцать – пятьсо́т шестьдеся́т во́семь. Большо́е спаси́бо и всего́ хоро́шего.
○ Не́ за что! До свида́ния.

7 Свобо́дное вре́мя / Досу́г
Freizeit

1

спорт	пляж	му́зыка
кроссо́вки	пла́вки	игра́ть на гита́ре
футбо́льный стадио́н	купа́льник	слу́шать му́зыку
ходи́ть в тренажёрный зал	о́зеро	дискоте́ка
лёгкая атле́тика	солнцезащи́тное сре́дство	танцева́ть
ката́ться на велосипе́де	мо́ре	конце́рт
	собира́ть ра́ку́шки	о́пера
	пла́вать	
	чита́ть журна́л	
	фотографи́ровать	
	разга́дывать кроссво́рд	

2

a. ходи́ть на дискоте́ку
b. смотре́ть кино́
c. слу́шать му́зыку
d. идти́ в похо́д
e. чита́ть рома́н
f. подари́ть пода́рок
g. игра́ть в те́ннис
h. идти́ в зоопа́рк
i. организова́ть конце́рт
j. соверши́ть круи́з

3

a. экску́рсия
b. кроссво́рд
c. хо́бби
d. бале́т
e. ката́ться
f. вяза́ть
g. гость
h. сезо́н
i. рождество́
j. сва́дьба
k. зоопа́рк
l. фотографи́ровать
m. шить
n. детекти́в
o. танцева́ть

8 Рестора́н
Restaurant

1

a. десе́рт, заку́ска
b. шни́цель, варе́нье
c. моро́женое, шампа́нское
d. горчи́ца, соль

2

Меню́

Заку́ска: сала́т из помидо́ров и огурцо́в, хлеб

Второ́е блю́до: жа́реная ры́ба, отварно́й карто́фель

Десе́рт: фрукто́вый сала́т

Напи́тки: минера́льная вода́, вино́, эспре́ссо

3

15, 3, 2, 12, 5, 4, 6, 1, 10, 13, 16, 7, 9, 11, 14, 8

9 Гости́ница

Hotel

1

a. Я бы хоте́л заброни́ровать но́мер. К сожале́нию, у нас всё за́нято.

b. Кондиционе́р не рабо́тает. Туале́т гря́зный. Умыва́льник засорён.

c. Мы уезжа́ем за́втра в шесть утра́. Когда́ мы мо́жем поза́втракать?

2

a. Я бы хоте́л заброни́ровать двухме́стный но́мер.

b. У вас есть но́мер для куря́щих?

c. Ско́лько сто́ит но́мер за ночь?

d. Мо́жно посмотре́ть но́мер?

e. А э́то ти́хий но́мер с ви́дом на мо́ре?

3

a. но́мер с ду́ш**ем**

b. до́ступ в Интерне́т

c. но́мер с за́втрак**ом**

d. но́мер с ва́нн**ой**

e. с ви́дом на мо́р**е**

f. для куря́щ**их**

10 Путеше́ствие и тра́нспорт
Reise und Verkehr

1

a. Отку́да отправля́ется по́езд?

b. Во ско́лько прибыва́ет по́езд?

c. Как мне лу́чше прое́хать на у́лицу „Моско́вская"?

d. Где мне ну́жно пересе́сть?

e. Как дойти́ до це́нтра?

f. Где нахо́дится запра́вка?

2

a. давле́ние в ши́не
b. нале́во
c. по эскала́тору
d. на другу́ю ли́нию
e. мотоци́кл
f. на корабле́
g. пешко́м
h. на самолёте
i. до це́нтра
j. из метро́
k. в авто́бус

3

a. Извини́те
c. не подска́жете
d. недалеко́, сверни́те
f. уви́дите
g. напра́во
h. ве́рно
i. Большо́е

Lösungen

11 Здоро́вье

Gesundheit

1

ш	е	я	р	о	т	а	с	п	и	н	а	п	у
г	р	у	д	ь	у	х	о	ч	з	е	о	л	с
л	и	ц	о	г	л	а	з	а	ы	н	о	г	а
ё	л	о	б	р	о	в	ь	ч	к	о	е	ч	и
в	о	л	о	с	в	е	к	о	л	е	н	о	н
у	з	у	б	з	и	ш	о	г	о	л	о	в	а
я	з	ы	к	у	щ	е	к	я	б	о	г	ф	ю
ы	б	о	д	б	е	я	о	г	у	б	а	ж	э
н	о	с	а	п	о	д	б	о	р	о	д	о	к

2

6, 10, 3, 2, 9, 4, 5, 7, 1, 8

3

Begrüßung: Добро́ пожа́ловать! Здра́вствуйте! Приве́т!

Einschätzung: По моему́ мне́нию, … Я ду́маю, что …

Wunsch: Всего́ хоро́шего! Бо́льших успе́хов! Счастли́вого пути́! Поправля́йся! Споко́йной но́чи!

Erkundigung: Что но́вого? Как дела́? Как вы себя́ чу́вствуете? Как пожива́ешь?

Einverständnis: Согла́сен! Договори́лись! Соверше́нно ве́рно.

Verabschiedung: До свида́ния! До встре́чи! До за́втра! Мне пора́! Пока́!

12 Приро́да и окружа́ющая среда́

Natur und Umwelt

1

a. кро́лик **b.** гора́ **c.** пусты́ня
d. и́згородь

2

a. о́сень **b.** тре́тий **c.** тепло́
d. река́ **e.** ию́нь **f.** собо́р
g. четы́ре **h.** берёза **i.** воскресе́нье
j. магази́н **k.** ве́чером

3

1. Wettervorhersage.

2. Heute ist es kalt, 5 Grad.

3. Es regnet.

3. Der Himmel ist bedeckt.

4. Es blitzt und donnert.

5. Nachts wird es frieren.

4

ш	е	я	р	с	т	а	с	п	и	н	х	п	т
г	р	у	д	о	ж	д	ь	ч	з	е	о	л	у
м	и	ц	о	л	л	а	з	а	ы	н	л	г	м
о	л	о	б	н	о	в	ь	ч	к	о	о	ч	а
л	о	л	о	ц	в	е	г	р	о	м	д	о	н
н	з	у	в	е	т	е	р	г	о	л	н	в	а
и	з	ы	к	у	щ	е	о	я	б	о	о	ф	ю
я	б	о	м	о	р	о	з	г	у	с	н	е	г
н	о	с	а	п	о	д	а	о	р	о	д	о	к

Schrift und Aussprache

Druck-schrift		Buchstaben-name	Aussprache *(ggf. mit deutschem Beispiel)*	Beispiel
А	а	а	betont: offenes a *(Anfang)*	а́вгуст
			unbetont: kurzes a (*kann*)	бале́т
Б	б	бэ	b	ба́бушка
В	в	вэ	w, v (*Wasser, Vase*)	ва́за
Г	г	гэ	g	гарни́р
Д	д	дэ	d	дом
Е	е	е	betont: je (*jetzt*)	де́ти
			unbetont: kurzes i (*bitte*)	сестра́
Ё	ё	ё	jo (*Johann*) nach Zischlaut	днём
			wird das j fast verschluckt	счёт
Ж	ж	же	sch stimmhaft (*Garage*)	гара́ж
З	з	зе	s stimmhaft (*Rose*)	за́втрак
И	и	и	i	институ́т
Й	й	и кра́ткое	i am Wortende (*Mai*)	май
			j vor Vokalen	йо́гурт
К	к	ка	k nicht behaucht	карти́на
Л	л	эль	l sehr hart oder sehr weich (s.u.)	ла́мпа
М	м	эм	m stimmhaft	ме́бель
Н	н	эн	n stimmhaft	нож
О	о	о	betont: offenes o (*Sonne*)	со́лнце
			unbetont: kurzes a (mühsam)	ле́то
П	п	пэ	p nicht behaucht, stimmlos	пого́да
Р	р	эр	r gerollt	ребёнок
С	с	эс	ss stimmlos (*essen*)	со́ус
Т	т	тэ	t nicht behaucht, stimmlos	теа́тр
У	у	у	u	у́ксус
Ф	ф	эф	f	футбо́л
Х	х	ха	ch (*Buch*)	холм
Ц	ц	цэ	z	центр
Ч	ч	чэ	tsch (*tschüss*)	по́чта
Ш	ш	ша	sch stimmlos (*Schule*)	шко́ла
Щ	щ	ща	schtsch (weiches und langes sch)	щу́ка
	ъ	твёрдый знак	Härtezeichen	объе́зд
	ы	ы	ü mit Lippenstellung wie bei deutschem i	сын
	ь	мя́гкий знак	Weichheitszeichen	дека́брь
Э	э	э	betont: ä (*Ära*)	э́то
			unbetont: kurzes ä in Richtung ы	эта́ж
Ю	ю	ю	ju (*jung*) nach Konsonant wird	ю́бка
			das j fast verschluckt	утю́г
Я	я	я	betont: ja	я́блоко
			unbetont: kurzes i	язы́к